In ZENSHO W. KOPP begegnen wir einem westlichen Zen-Meister, dessen ganzheitliche Sicht geistig Suchenden einen zeitgemäßen Weg der spirituellen Verwirklichung eröffnet. Er ist der direkte Dharma-Nachfolger des 1977 verstorbenen Zen-Meisters Soji Enku.
Zensho leitet das Zen-Zentrum Tao Chan in Wiesbaden und unterweist eine große Gemeinschaft von Schülern. Wie die alten chinesischen Chan-Meister lehrt er ein sehr lebendiges, kraftvolles Zen, das an keine äußere Form gebunden ist. Er lehrt den allumfassenden »großen Zen-Weg« – den Weg zur Verwirklichung unseres wahren Selbst mitten in der Welt.


Dieses außergewöhnliche Buch enthält eine Auswahl an Vorträgen eines der bedeutendsten spirituellen Meister der Gegenwart. Zen-Meister Zensho zeigt dem Leser einen konsequenten Weg, wie er seine festgefahrenen Gewohnheiten durchbrechen und sich von Grund auf verwandeln kann.
Dabei wird er fähig, spirituelles Bewusstsein und aktives Leben in der Welt als eine einzige, allumfassende Wirklichkeit zu erfahren.

*Zensho W. Kopp*

# Der große Zen-Weg

*Der Weg zur Erleuchtung
mitten im Leben*

Schirner Taschenbuch

*ISBN 3-89767-408-4*

2. Auflage
© 2004 Schirner Verlag, Darmstadt

Alle Rechte vorbehalten

Umschlaggestaltung: Murat Karaçay
Satz: Elke Hoffmann
Herstellung: Reyhani Druck und Verlag, Darmstadt

www.schirner.com

# *Inhaltsverzeichnis*

Vorwort .................................................. 7

1. Die allumfassende Ganzheit des Seins ................ 13

2. Zen-Praxis mitten in der Welt ....................... 29

3. Frei von Besorgnis und Furcht ....................... 43

4. Die wolkenlose Klarheit des Geistes ................. 61

5. Das Schwert des vollkommenen Gewahrseins ... 75

6. Tantrische Transformation ........................... 91

7. Hindernisse auf dem Weg zur Erleuchtung ...... 103

8. Der Zen-Weg der großen Befreiung ................. 119

9. Das Schatzhaus ist in dir ........................... 129

10. Alles ist der Eine Geist ........................... 143

11. Die Unausweichlichkeit des Todes .................. 159

12. Der alltägliche Weg ist der wahre Weg ............. 173

Kontaktadresse .......................................... 187

## *Vorwort*

In dieser Zeit, da immer mehr Menschen sich in zunehmendem Maße bemühen, Spiritualität und aktives Leben zu verbinden, erhält ein Buch wie das Vorliegende seinen ganz besonderen Wert. Seine kompromisslose Geradlinigkeit, durch die es sich aus der Menge der gängigen spirituellen Literatur heraushebt, macht es zu einer wertvollen und sicheren Orientierungshilfe für geistig Suchende.

Zen-Meister Zensho W. Kopp weist uns in diesem Buch einen allumfassenden Weg zur Verwirklichung unseres ursprünglichen wahren Seins, mitten in unserer modernen Welt. Mit großer Klarheit und schonungsloser Offenheit zeigt er uns, dass die Befreiung des Geistes nicht in der stillen Zurückgezogenheit von der Welt stattfindet. Vielmehr lässt sie sich hier und jetzt, mitten im Alltag, als unserem wahren Ort der Übung, verwirklichen. Nur so werden wir fähig unsere festgefahrenen Gewohnheiten zu durchbrechen und uns von Grund auf zu verwandeln. Durch diesen befreienden »großen Zen-Weg« gelangen wir zu einem erfüllten und bewussten Leben aus der tiefen Wahrheit des Zen und erfahren spirituelles Bewusstsein und aktives Handeln als eine einzige, allumfassende Wirklichkeit.

Aus seiner langjährigen Erfahrung als lehrender Zen-Meister schöpfend, versteht es Zensho, uns Schritt für Schritt in diesem Buch zu leiten. Er vermittelt uns auf anschauliche und lebensnahe Weise den Weg zur Erleuchtung und lässt auch anhand zahlreicher Beispiele die alten chinesischen Zen-Meister selbst zu Wort kommen.

Ein Ausspruch der Meister wird aufgegriffen und durchleuchtet, und unversehens kommt ein Vergleich aus dem Alltag zu Hilfe und macht das Gesagte deutlich. Immer wieder wird hierbei die Logik unseres unterscheidenden, begrifflichen Denkens zertrümmert, auf dass wir fähig werden, die Wahrheit des Zen jenseits aller Worte zu erfassen.

Zenshos humorvolle Herzlichkeit und seine kraftvolle, einfache Art der Unterweisung sind eine wunderbare Mischung von Ernsthaftigkeit und erfrischendem Humor, der im heutigen Zen eine oft zu geringe Rolle spielt. Was er sagt, geschieht mit großer Authentizität aus dem unmittelbaren Augenblick. Er spricht vollkommen frei und spontan, ohne sich auf seine Vorträge vorzubereiten. Seine einfühlsamen Worte sind erfüllt von einer stets auf das Wesentliche hinweisenden Direktheit, so dass sie uns tief in unserem Innersten zu berühren vermögen. Die ganze Lebendigkeit eines Vortrags von Zen-Meister Zensho kann jedoch auf den Seiten eines Buches nicht vollkommen vermittelt werden. Wenn Zensho einen Vortrag hält, dann dient zum Beispiel ein Blick, eine Handbewegung, eine Pause oder ein Leiser- und Lauterwerden der Stimme dazu, das Gesagte zu unterstreichen. All dies verleiht der gesamten Atmosphäre und seinen Worten einen besonderen Charakter von hoher Intensität.

Wir, die Herausgeber, sind jedoch davon überzeugt, dass die hier gesammelten Vorträge von solcher Lebendigkeit und Präsenz erfüllt sind, dass der Leser den Eindruck gewinnt, er stehe direkt unter der persönlichen Anleitung eines spirituellen Meisters. Er erfährt, so nah wie das in einem Buch nur möglich ist, jene verständnisvolle Liebe und geistige Kraft, die sonst nur in der unmittelbaren Gegenwart eines Meisters spürbar werden.

Januar 2004　　　　　　　　　　　　Die Herausgeber
Zen-Zentrum Tao Chan, Wiesbaden

*Es ist nicht notwendig, das Handeln in der Welt abzulehnen und die Stille zu suchen. Sei weit und offen wie der Himmel und bring dich in Übereinstimmung mit dem Äußeren. Dann wirst du auch im hektischen Treiben der Welt in Frieden sein.*
ZEN-MEISTER YÜAN-WU (12.JH.)

# 1

## Die allumfassende Ganzheit des Seins

*Alle Buddhas und alle lebenden Wesen sind nichts anderes als der Eine Geist, neben dem nichts anderes existiert. Dieser Geist, der ohne Anfang ist, ist ungeboren und unzerstörbar.*
ZEN-MEISTER HUANG-PO (9. JH.)

Alles, was wir in der äußeren Erscheinungswelt wahrnehmen, was es auch sei, ist das eine Sein, neben dem nichts anderes existiert. Diese allem zugrunde liegende eine Wirklichkeit können wir aber nur dann erfahren, wenn all das, was die Wahrnehmung des ewigen geburt- und todlosen Einen Geistes verhindert, wegfällt. Mit den Worten von Zen-Meister Huang-po:

»Würdest du endlich alles begriffliche Denken in einem Augenblick abwerfen, dann würde sich der Eine Geist als dein wahres Sein manifestieren wie die Sonne, die in der Leere aufsteigt und das ganze Weltall ohne Hindernis oder Schranken erleuchtet«.

Unser wahres Sein ist stets überdeckt von einer Fülle von Konditionierungen, – von tief verwurzelten Denkgewohnheiten und Verhaltensmustern. Doch in dem Augenblick, wenn die Gedanken schwinden, dann schwinden all diese Überdeckungen, und der verborgene Geist, der stets gegenwärtig war, offenbart sich als unser ursprüngliches wahres Sein. Welch wundervolle Verheißung liegt doch in den Worten von Zen-Meister

Huang-po. Doch was ist der Weg, um diese unsere wahre Wirklichkeit ständig und überall zu erleben? Dieser Weg zur Erfahrung unseres ursprünglichen wahren Seins, ist im Sinne des Zen nichts anderes als »der alltägliche Weg«.

Dies ist auch die verblüffend ernüchternde Antwort, die Zen-Meister Nansen (8. Jh.) seinem Schüler gibt, der zu ihm kommt und ihn fragt: »Was ist der wahre Weg?« Und Meister Nansen antwortet: »Der alltägliche Weg ist der wahre Weg.« Der ganz alltägliche Weg ist der wahre Weg des Zen. Dies heißt: Wir können diesen wahren Zen-Weg überall praktizieren und die Wahrheit des Zen überall und zu jeder Zeit erfahren. Mit anderen Worten:

Die allem zugrundeliegende Wirklichkeit des göttlichen Seins offenbart sich mitten im Alltag. Wir brauchen uns nicht von der Welt zurückzuziehen, um unser Leben in einer stillen Waldeinsamkeit oder in einem Kloster zu verbringen. Ganz besonders in der heutigen Zeit suchen die Menschen einen Weg, der frei ist von Dogmen, von komplexer Metaphysik und kulturell-exotischem Beiwerk. Sie suchen einen Weg, den sie ins tägliche Leben integrieren und überall und zu jeder Zeit gehen können. »Der große Zen-Weg« der alten chinesischen Meister wird diesem Bedürfnis gerecht. Es ist der spirituelle Weg, den wir überall, mitten in der Welt, auch während der Erledigung unserer täglichen Pflichten praktizieren können. So sagt ja auch der chinesische Zen-Meister Lin-chi (9. Jh.), der *Dharma*-Nachfolger von Huang-po:

> Der wahre Zen-Weg ist ganz einfach und bedarf keiner Mühe. Er besteht im Alltäglichen und hat kein Ziel: – sich anziehen, pissen, scheißen, essen und schlafen, wenn man müde ist. Die Unwissenden ohne Zen-Verständnis mögen mich auslachen, doch die Weisen wissen Bescheid.

Diese Worte eines der originellsten Meister in der Geschichte des Zen werden manche Menschen schockieren, und sie werden sich fragen: Wie kann denn das der wahre Weg des Zen sein? Doch alle Zen-Meister sagen: »Genau das ist der wahre Zen-Weg«, da beginnt die Praxis des Zen. Das Wort Zen heißt: Versenkung – sich versenken in die allgegenwärtige, alles durchdringende Präsenz des Einen Geistes. Doch von einer Versenkung in diesem Sinne können wir nur dann reden, wenn wir bei allem, was wir tun, wirklich offen sind und frei von allen Konzepten. Erst dann können wir die allem zugrundeliegende Wirklichkeit des göttlichen Seins überall und zu jeder Zeit erfahren.

In der spirituellen Schulung bei einem geistigen Lehrer ist es in der Regel so, dass man dieses und jenes behandelt, der Lehrer erklärt verschiedene Dinge, und der Schüler versucht in gewohnter Weise zu verstehen. Er versucht zu verstehen, indem er sich bemüht, das Gehörte in Bezug zu setzen zu Vorausgegangenem, zu vorher Gewusstem und Verstandenem, um aus dieser Gleichung heraus zu einem Verständnis des Gesagten zu kommen. Das ist alles schön und gut und hat auch seinen hinführenden, relativen Wert. Doch Zen hält nicht viel von solchen gehirnakrobatischen Methoden. Zen erhebt sich über jede Logik des gesunden Menschenverstandes und sprengt diesen ganzen logischen Dualismus! Wenn wir uns jetzt zum Beispiel die Frage stellen, wo bei diesem *Shippei* (ein ca. 50 cm langer Stock eines Zen-Meisters), den ich hier in der Hand halte, oben und unten ist, dann ist jede Antwort, die wir geben, relativ. Egal, was du sagst, es hat mit der Sache selbst nichts zu tun. Oben und unten sind nur konditionierte, begriffliche Benennungen ohne Bezug zur Wirklichkeit selbst und beruhen auf dem unterscheidenden, begrifflichen Denken eines dualistischen Bewusstseins. Auch wenn du jetzt in die Hände klatschst und laut »Mu« brüllst oder sonst irgendwelche scheinbaren Zen-Aktionen hier zum Besten gibst, um dein wunderbares Zen-Verständnis zu demonstrieren, dann ist das alles nur ein totes Nachahmungs-Zen. Es ist nichts weiter als »ein tausend Jahre alter Pfirsichkern« ohne Leben und hat mit der Sache selbst nichts zu tun. Du wirst mit solchen künstlichen Aktionen vielleicht irgendwelche hirnverkopften Zenfreaks der esoterischen Szene begeistern können, aber das wahre Zen geht weit darüber hinaus.

Es gibt kein Oben und es gibt kein Unten. Alles ist ein allumfassendes Ganzes, das in einem gegenseitigen Durchdringen alles in sich beschlossen hält. Und somit ist das Oben und das Unten die Spitze einer Stecknadel, in der das ganze Universum enthalten ist. Alles ist der Eine Geist, neben dem nichts anderes existiert, und somit jene raum-zeitlose Dimension, in der die ganze Geschichte des Universums stattfindet. Es ist vergleichbar mit einem Traum, in dem alles, was man erlebt, im Geist stattfindet, und somit dieser Geist selbst ist, in der Erscheinungsweise dessen, als was er uns erscheint.

Jede begriffliche Benennung ist nur eine hilfsmäßige Bezeichnung, die in der Unterscheidung des begrifflichen Denkens gefangen bleibt. Wenn ich sage: »Dies ist ein Stock« und frage: »Wo ist da oben und unten?«, dann liegt schon in der Bezeichnung »Stock« das Problem. Das Oben und Unten, das darf uns aber gar nicht berühren. Von dem Oben und Unten dürfen wir uns nicht irritieren lassen. Allein, wenn ich sage, dies ist ein Stock, ist das schon falsch. Ich könnte ja auch sagen, das ist eine Kuh. Warum soll das keine Kuh sein? Warum soll das kein alter Besen oder ein herrlich duftender Blumenstrauß sein?

All diese Unterscheidungen sind willkürliche, begriffliche Benennungen, die wir Menschen im alltäglichen, relativen Sprachgebrauch anwenden. Ohne sie gäbe es überhaupt keine Möglichkeit der Kommunikation, keine Möglichkeit, Wünsche und Vorstellungen auszudrücken. Es wäre nicht möglich, in der Dimension der Vorstellung einer raum-zeitlichen äußeren Erscheinungswelt zu leben. Mit anderen Worten: Die ganze Erscheinungswelt, in der wir leben, ist nichts anderes als eine Ansammlung von Begriffen. Es sind alles nur Begriffe, willkürliche Benennungen, mit denen sich das reflektierende, unterscheidende Bewusstsein so sehr identifiziert, dass es den Begriff für das Ding an sich hält. Weil man es so gewohnt ist, weil es schon immer so war und irgendwann einmal der Begriff Stock aufkam für irgendeinen Holzstab, schon sagt man: »Das ist ein Stock.« Aber das ist nur ein Begriff. Und so gibt es einen Irrwald von Begriffen, in dem die Menschen gefangen sind.

Demzufolge kann die Befreiung aus dem Leidensmeer des *Samsara*, die Befreiung aus dem Gefangensein in einer vielheitlichen, äußeren Erscheinungswelt von Geburt, Altern, Verzweiflung, Krankheit, Schmerz und Tod niemals eine Befreiung sein, die in der äußeren Erscheinungswelt beginnt. Weil diese unsere äußere Erscheinungswelt nichts anderes ist als eine Sichtbarwerdung von Vorstellungen, die in dem Prozess der Ideation des Geistes von unserer wahrnehmenden Erkenntnis als äußere Dinge, Wesen und Ereignisse wahrgenommen werden. Die Befreiung vom Leiden kann demzufolge nur darin liegen, dass man zu einer Befreiung von den leidverursachenden Faktoren gelangt. Letztlich geht es darum, sich von den eigenen Konditionierungen und somit von allen Denkmodellen und den daraus resultierenden Verhaltensmustern zu befreien. Da aber Konditionierungen immer Folgeerscheinungen des begrifflichen Denkens sind, gibt uns der chinesische Zen-Meister Huang-po den Rat:

> Alles begriffliche Denken ist eine irrtümliche Meinung, und das Nichtbezweifeln von Worten ist eine schlimme Krankheit, deshalb: »Werft die Dunkelheit eurer alten, toten Begriffe fort. Befreit euch von allem!«

In der Praxis des Zen geht es in erster Linie darum,

dass wir uns befreien von der Verselbständigung des unterscheidenden, begrifflichen Denkens. Aber wenn ich von der Loslösung, von der Befreiung vom begrifflichen Denken spreche, kann es natürlich geschehen, dass der eine oder andere sich fragt: »Soll ich jetzt vielleicht aufhören zu denken, soll ich das Denken jetzt ganz aufgeben?« Aber das wäre vollkommen falsch gedacht und geradezu absurd. Es geht in der Praxis des Zen niemals darum, das Denken aufzugeben, sondern – sich vom Denken zu befreien heißt: sich zu befreien von dem verselbständigten, unterscheidenden, begrifflichen Denken, dem »Denk-Zwang«.

Es geht also letztlich darum, dass das Denken uns nicht beherrscht und sich verselbständigt und somit Gedankenketten entstehen, die uns fesseln und unfrei machen. Davor warnt auch der chinesische Zen-Meister Ta-hui (12. Jh.):

> Verbegrifflichung ist ein tödliches Hindernis für einen Zen-Schüler und für ihn gefährlicher als Giftschlangen oder wilde Tiere. Menschen von starkem Intellekt sind immer wie besessen von dem Wunsch, alles in gedankliche Begriffe umzusetzen; sie können in allen ihren Tätigkeiten sich niemals ganz davon frei machen. Monate und Jahre vergehen, und dieses ihr Verlangen wird nur immer stärker. Ohne es zu wissen, werden der Geist und die Verbegrifflichung schrittweise zu einer Einheit. Wer sich davon freimachen will, entdeckt, dass es unmöglich ist.

Aber wie kommen wir nun zur Loslösung von diesem leidverursachenden Denk-Zwang, zur Loslösung von der Verselbständigung des Denkens? Der Weg dahin ist in der Praxis des Zen die Verwirklichung der »nicht-unterscheidenden Klarschau des Geistes«. Denn alles leidverursachende, begriffliche Denken ist Folgeerscheinung der Tendenz des Verstandes, die Dinge zu unterscheiden – zu unterscheiden zwischen oben und unten, richtig und falsch, gut und böse. Das zeigt uns auch die Geschichte von Adam und Eva im Garten Eden, wie wir sie aus dem Alten Testament kennen. Alles war gut, so wie es war, bis sie von dem Apfel der unterscheidenden Erkenntnis des Verstandes aßen. Und auf einmal war die Unterscheidung da, und somit sind sie herausgefallen aus ihrem ursprünglichen, paradiesischen, reinen Zustand des nicht-unterscheidenden Einen Geistes.

Das ursprüngliche Zen, so wie es die alten chinesischen Meister gelehrt und gelebt haben, ist ein sehr kraftvolles und lebendiges Zen, das sich über jede Form von Unterscheidung erhebt, so wie der Adler über die Erde. Und wenn Nicht-Unterscheidung ein wesentliches Element des Zen ist, dann wird sich ein wahrer Mensch des Zen nicht für den Rest seines Lebens in ein Kloster zurückziehen und nur noch mit verknoteten Beinen auf seinem Meditationskissen sitzend gegen die Wand starren und dies auch noch für wahre, echte Zen-Praxis halten. Vielmehr wird er erkennen, dass es darauf ankommt, die nicht-unterscheidende Klarschau des Geistes mitten in unserer vielheitlichen Welt der Unterscheidungen zu verwirklichen.

Nun kommt man natürlich im alltäglichen Leben ständig in Situationen, wo man gefordert ist, zu denken, zu unterscheiden und zu handeln, obwohl Zen sagt: »Alles Denken ist eine irrtümliche Meinung, wer unterscheidet zwischen Ja und Nein verfehlt die Wahrheit und verliert Leib und Leben.« Und jetzt sollen wir in der nicht-unterscheidenden Klarschau des Geistes sein und das mitten in einer vielheitlichen Welt der Unterscheidung und den Anforderungen des täglichen Lebens? Doch genau das fordert Zen von uns. Genau das ist wahre Zen-Praxis: dass wir frei sind von allem und mitten in der Welt im samsarischen Feuer von Gier, Hass und Verblendung den »großen Zen-Weg« der Befreiung gehen. Mit den Worten des chinesischen Zen-Meisters Yüan-wu (12. Jh.):

> Wenn du dich mitten im Trubel des Lebens auf Veränderungen einstellen und entsprechend handeln kannst, dabei aber innerlich leer und gelassen bleibst, wenn du außerdem in stiller Umgebung dich nicht in die Stille verliebst, dann bist du lebendig, wo auch immer du sein magst. Nur wer das Grundsätzliche erlangt hat, vermag im Inneren leer und mit dem Äußeren in Übereinstimmung zu sein.

Dieser aktive Zen-Weg ist der Weg jenseits der Unterscheidung von Gut und Böse, von Ja und Nein und letztlich von Leben und Tod. Das Leben ist voller Situationen, wo wir gezielt handeln müssen. Oft ist es so, dass gerade dann, wenn wir völlig unvorbereitet sind, etwas Unerwartetes an uns herantritt. Dann müssen wir ganz klar erwägen, was die richtige Entscheidung und was die dieser Entscheidung entsprechende richtige Handlungsweise ist. Hierbei ist es sehr wichtig, dass wir die nicht-projizierende, nicht-unterscheidende Klarschau des Geistes bewahren. In dieser unverfälschten, klaren Sichtweise können wir die Dinge sehen, wie sie sind. Wir können die Situation durchschauen, so dass wir erkennen, was die Lösung des Problems ist. Und wenn wir dann handeln, dann geschieht das in vollkommener Übereinstimmung mit dem universellen Gesetz und dem Mitgefühl für alle Wesen. Diese Art mit den Dingen umzugehen wird in der Praxis des Zen immer mehr zu unserer Gewohnheit werden. Wir werden in allen Situationen des täglichen Lebens, auch wenn sie noch so plötzlich und unvorhergesehen eintreten, zu klaren Entscheidungen und den daraus resultierenden Handlungsweisen fähig sein.

Durch die Verwirklichung der projektionsfreien, nicht-unterscheidenden Klarschau, geschehen alle unsere Handlungen direkt und unmittelbar aus dem Bauch heraus, wie es im Zen heißt. Das ist wirkliche, lebendige Zen-Praxis.

Es ist von grundlegender Wichtigkeit auf dem Weg des Zen, dass wir völlig spontan und natürlich bleiben bei allem, was wir tun, und wo wir uns auch befinden. Wenn Menschen, die den geistigen Weg gehen, zusammen sind, dann kann man häufig beobachten, dass es oft nur zwei Extreme in ihrem Verhalten gibt. Entweder sitzen sie stumm da und sagen gar nichts und bemühen sich krampfhaft ihr Gewahrsein des Geistes festzuhalten. Oder, wenn sie reden, dann reden sie über dies und das und jenes, und auf einmal ist das geistige Gewahrsein, so weit es überhaupt vorhanden war, ganz weg. Und dann fangen sie an zu quasseln und zu plappern und verlieren sich in abertausend Nebensächlichkeiten, als ob sie noch nie etwas vom Zen-Weg gehört hätten. Das richtige Verhalten im Zen ist die Mitte zwischen beiden Extremen, so dass wir völlig frei reden und handeln, doch dabei ständig im Gewahrsein des Geistes bleiben und uns nicht aus unserer inneren Mitte wegziehen lassen. Dass wir überall und zu jeder Zeit vollkommen klar, gelöst und entspannt bleiben. Dass wir lachen und uns freuen, wenn es der Situation entspricht, und wenn es notwendig ist, auch ernst sind. Es gibt eben nicht nur das viel Denken und viel Reden oder das nichts Denken und nichts Reden.

In der Praxis des Zen ist es von grundlegender Wichtigkeit, dass wir stets völlig wach und bewusst und somit »lebendig« sind. Das ist sehr wesentlich. Denn wie kann jemand hoffen, dass er im Augenblick seines leiblichen Todes in das ewige Leben eingeht, wenn er hier nicht lebt, wenn er »hier« schon tot ist? Wie kann er dann hoffen, nach seinem Tod zum großen Leben zu gelangen? Wenn wir das ewige Leben wirklich wollen, dann müssen wir »jetzt« leben und uns »jetzt-hier« darauf einlassen. Sich hier und jetzt auf das Leben einlassen, meint aber im Sinne des Zen, ein »Offensein zur allumfassenden Ganzheit des Seins«. Mit den Worten des Zen-Meisters Nansen: »Sei weit und offen wie der Himmel, und du bist im Tao.« Hierzu können wir aber nur gelangen, wenn wir uns von allen unseren Konzepten befreien und so zur Verwirklichung der Absichtslosigkeit gelangen.

»Absichtslosigkeit« ist das grundlegende, wesentliche Wort der gesamten Zen-Praxis. Absichtslosigkeit ist jene Geisteshaltung, die als Grundgedanke des Taoismus in dem Wort »*Wu-wei*« zum Ausdruck kommt. *Wu-wei* heißt »Nicht-Tun«. Im Sinne des Taoismus ist dieses Nicht-Tun aber niemals ein Nichtstun, bei dem man einfach nur passiv dasitzt und denkt: »Jetzt sitze ich hier und tue gar nichts, und da ich gar nichts tue, kann ich letztlich auch nichts falsch machen, also bin ich im *Wu-wei*.« Das ist ein gewaltiger Irrtum. Denn *Wu-wei* bedeutet, dass du so im Einklang bist mit dem universellen Gesetz und mit allem, was geschieht, mit jeder Situation, mit der du konfrontiert bist, dass dein ganzes Handeln zu einem »Handeln ohne zu handeln« wird. Zur Veranschaulichung dieser vom Taoismus geprägten friedfertigen Geisteshaltung möchte ich euch folgende Geschichte erzählen:

Der berühmte japanische Schwertmeister Bokuden wurde einst während einer Bootsfahrt von einem hitzigen, angetrunkenen Samurai zum Kampf gefordert. Bokuden entgegnete, seine Meisterschaft im Schwertkampf bestehe darin, andere nicht mit dem Schwert zu besiegen, sondern zu siegen, ohne das Schwert zu ziehen. Der Samurai bestand aber auf seiner Herausforderung, und Bokuden schlug vor, wenn es schon unbedingt sein müsse, den Zweikampf auf einer nahegelegenen kleinen Insel auszutragen, damit die anderen

Bootsinsassen nicht gefährdet würden. Der Samurai willigte nach einigem Zögern unwillig ein und wartete ungeduldig auf den großen Moment des Zweikampfes.

Als das Boot die Insel erreichte, sprang der hitzige Samurai sofort mit einem gewaltigen Satz an Land und zog mit einem lauten Kampfschrei sein Schwert. Bokuden aber nahm im gleichen Augenblick dem Bootsmann das Ruder aus der Hand und stieß das Boot wieder in den See hinaus. »Das heißt Siegen ohne Schwert!« rief er dem verblüfft zurückbleibenden Samurai zu.

Hier kommt die taoistische Geisteshaltung des *Wuwei* in der Weise des Nicht-Tun als Nicht-Kämpfen wunderbar zur Geltung. Der alte Schwertmeister Bokuden besiegte den kampfeswütigen Samurai, ohne auch nur sein Schwert zu ziehen. Der taoistische Meister Lao-tse (6. Jh. v. Chr.) nennt dies:

> Vorgehen, ohne sich zu bewegen,
> abwehren, ohne die Arme zu heben,
> zurückwerfen ohne Angriff,
> erobern ohne Waffen.
> Darum:
> Wo sich die Waffen gegeneinander erheben,
> siegt stets der Zurückweichende.

Der Zurückweichende siegt, indem er den Angriff des Gegners an sich vorbeilaufen lässt, so dass er sich ins Leere verliert und den Angreifer selbst zu Fall bringt. Es geht also darum, dass wir mitten in jeder Situation, wo Handeln erforderlich ist, uns so zurücknehmen, dass die universelle Wirkkraft des Tao durch uns hindurch wirkt, so dass unser ganzes Tun zu einem »Handeln ohne zu handeln« wird. Lao-tse sagt: »Tut einer das Nicht-Tun, dann ist alles wohlgetan.« Das heißt: Handeln wir und bleiben wir dabei im Nicht-Tun, dann ist dies – rechtes Handeln im Einklang mit dem universellen Gesetz des Tao.

Die Taoisten sprechen von einem »Mitfließen mit dem Tao«. Deshalb ist für sie das Wasser auch das Lieblingssymbol für das Tao. Es steht für Stärke in scheinbarer Schwäche, es zeigt uns das Fließen des Lebens und auch das sich Anpassen an den Wandel der Natur. In seiner charakteristischen Eigenart des Umgehens und Zurückweichens ist das Wasser zugleich ein Symbol für Gewaltlosigkeit. Deshalb sagt Lao-tse:

> Das Wasser ist wie das Tao.
> Es nützt den abertausend Wesen,
> aber es streitet nicht.

Für Lao-tse ist das Wasser der Schlüssel zur Wandlung aller Dinge, und nur wer mit seinen Gesetzen umzugehen weiß, steht im Einklang mit Himmel und Erde und weiß in rechter Weise zu handeln. Das Tao ist wie das Wasser, und wenn wir mit dem Tao als der allumfassenden Ganzheit des Seins im Einklang sein wollen, dann dürfen wir uns nicht herausnehmen aus dem Ganzen. Wir dürfen uns nicht herausnehmen aus dem universellen Gesetz, indem wir meinen: »Was habe ich mit der Welt zu tun, für mich gibt es nur noch den geistigen Weg, nur noch Meditieren, geistige Schriften lesen, und sonst nichts.« – »Nein!« Mitfließen, heißt es im Zen wie auch im Taoismus. Aber das Tao offenbart sich nicht nur wie viele esoterische Pseudo-Taoisten unserer Zeit glauben – in der schönen Natur, in einer schönen Landschaft, wo ein romantisches Bergbächlein rauscht und schöne alte Bäume mit dicken Wurzeln stehen.

Mitten im Lärm eines Rummelplatzes, überall, wo wir auch gehen und stehen, genau dort offenbart sich das Tao. Mitten auf dem Frankfurter Kreuz zur Hauptverkehrszeit, wenn Tausende von Autos mit viel Lärm durch die Gegend rasen, dort ist das Tao. Natürlich auch im Wald und in der Stille. Das Tao offenbart sich überall. In jeder Erscheinungsweise des alltäglichen Lebens offenbart sich die grundlegende und somit allgegenwärtige Wirklichkeit des Tao, wir brauchen uns nur darauf einzulassen. Wir brauchen uns keine besonderen Gelegenheiten oder Orte der Stille herbeizusehnen.

Zen gibt uns den Rat: Wenn du da, wo du gerade bist, wirklich ganz da bist und dich mit deinem ganzen Sein vollkommen einlässt auf die Wirklichkeit des unmittelbaren Seins, – dann erfährst du das Tao. Ob du dein Auto durch die Waschstraße fährst, ob du zu Hause dein Mittagessen kochst oder was du auch machst und wo du auch sein magst, überall und in allem offenbart sich dir die göttliche Wirklichkeit. Wenn du dich nur ganz darauf einlässt und bei dir selbst bleibst, indem du im absichtslosen Gewahrsein des Geistes verweilst, dann wirst du erkennen, dass es nicht auf die Tätigkeit ankommt, sondern auf dein Bewusstsein, auf deine »Bewusstheit« während der Tätigkeit.

Und so stehst du mittendrin im *Bodhimandala* – in

dem großen Mandala des multidimensionalen Erlebens der allumfassenden Ganzheit des Seins, die das ganze Universum durchdringt. *Nirvana*, die große Befreiung, ist stets gegenwärtig, wenn du gegenwärtig bist. Wenn du wirklich gegenwärtig bist, dann ist alles da – wenn du wirklich da bist, dann ist alles da! Wenn du nicht da bist, dann ist nichts da und du befindest dich in der Illusion der Vielheit. Und Vielheit heißt: Vielheitliches raum-zeitliches Bewusstsein. Viele Gedanken, Vorstellungen und Begriffe, und somit viele Unterscheidungen. Und somit sind wir wieder zum Ausgangspunkt unserer Betrachtung zurückgekehrt. Bringen wir jetzt zum Schluss alles zusammen mit einem Satz von Huangpo, den ihr vielleicht schon tausendmal von mir gehört habt, aber ich sage euch eins, ich habe ihn noch hunderttausendmal zu wenig gesprochen:

> Wenn die Gedanken sich erheben, dann erheben sich alle Dinge, und wenn die Gedanken schwinden, dann schwinden alle Dinge.

Wenn sich die Gedanken erheben und verselbständigen, dann erheben sich alle Vorstellungen und Denkmodelle mit den daraus resultierenden Verhaltensmustern, und somit alle Probleme. Und wenn die Gedanken schwinden, dann schwinden alle diese selbstverursachten Probleme, und die Wirklichkeit des strahlenden Einen Geistes, der hinter dieser vermeintlichen Vielheit als dein wahres Sein stets gegenwärtig war, offenbart sich in seiner ganzen Herrlichkeit.

# 2

# Zen-Praxis mitten in der Welt

Eine der bedeutendsten Gestalten in der Geschichte des Zen war der im 9. Jahrhundert lebende, chinesische Zen-Meister Joshu. Er war der *Dharma*-Nachfolger von Zen-Meister Nansen und soll ein sehr hohes Alter von 120 Jahren erreicht haben. Joshus Art, seine Schüler zu unterweisen, ist bekannt als »Joshus Lippen-Zen«, denn er beantwortete die Fragen seiner Schüler mit einfachen, kurzen Aussagen und ruhiger, leiser Stimme. Es heißt: Wenn Joshu seinen Mund aufmachte, kam Gold heraus. Seine Worte waren jedoch von solch großer Kraft, dass sie wie ein scharfes Schwert das Rankengewirr des unterscheidenden, begrifflichen Denkens seiner Schüler blitzartig zu durchzutrennen vermochten. Eines der bekanntesten Beispiele hierfür wollen wir heute behandeln.

Eines Tages kommt ein Mönch zu Joshu und sagt: »Meister, ich bin noch neu hier im Kloster und möchte euch bitten, mich zu unterweisen.« Joshu fragt ihn: *»Hast du schon gefrühstückt?« – »Ja, Meister.« – »Gut, dann geh, und wasch deine Essschalen.«*

Der Mönch hat das ehrliche Anliegen, den Zen-Weg zu gehen, und wir können davon ausgehen, dass sein Verlangen nach Unterweisung bestimmt sehr groß ist. Deshalb geht er zu Joshu und fragt ihn nach der Wahrheit des Zen. Doch Joshu antwortet nur mit der Frage: »*Hast du schon gefrühstückt?*« Mit dieser ungewöhnlichen Frage trifft der alte Meister den Nagel der gegenwärtigen Situation genau auf den Kopf. Aus seinen Worten strahlt das liebende Mitgefühl eines großen Buddha. Der Mönch hätte sich in diesem Moment vor Joshu verneigen sollen, und vielleicht hätte sich dabei sein *Dharma*-Auge geöffnet. Welch ein Jammer, dass er blind und taub war.

Da der Mönch nicht versteht, was Joshu wirklich meint, muss man in der Sprache des Zen sagen: »Er sitzt auf dem schönsten Pferd und weiß es nicht zu reiten.« Und so antwortet er auf die Frage: »*Hast du schon gefrühstückt?*« mit: »*Ja, Meister.*« Und Joshu sagt: »*Gut, dann geh, und wasch deine Essschalen.*« Eine wunderbare Antwort, eine ausgezeichnete Unterweisung.

Der Mönch möchte die Wahrheit des Zen verstehen, um zur Erleuchtung zu gelangen. Aber Zen sagt: »Der Weg und das Ziel sind eins.« Der Weg und das Ziel sind nicht zwei voneinander getrennte Dinge. Deshalb ist es vollkommen falsch, wenn du glaubst den Weg gehen zu können in der Hoffnung und Erwartung auf ein Ziel hin. Darum heißt es: »Suchst du das Tao, dann schau unter deine Fußsohlen.«

Das *Sukhavati*-Paradies des Buddha *Amitabha* liegt direkt unter deinen Fußsohlen. Aus dem Grund legen wir beim *Kin-hin*, der Gehmeditation, immer besonderen Wert auf absolute Präsenz, wenn wir unsere Füße auf den Boden aufsetzen. Laufe wie ein Tiger im Dschungel, lautlos mit sicherem Schritt, den Schwerpunkt in den *Hara* – den Mittelpunkt im Unterleib –

verlagert. Sei voller Energie und Stabilität, und bleibe doch gelöst und entspannt. Nimm ganz bewusst und voller Achtsamkeit die Berührung der Fußsohlen mit dem Boden wahr. Stirb hinein in jeden Schritt! Denke nicht an den vorausgegangenen und nicht an den nachfolgenden Schritt. Wesentlich ist nur dieser eine Schritt, »jetzt-hier« – und sonst nichts.

Und wenn du diesen einen Schritt machst – »jetzt-hier«, dann ist der Schritt, der vorher war, gestorben, und für den folgenden Schritt gibt es keine Garantie, dass er überhaupt kommt. Es könnte zum Beispiel sein, dass es eine Explosion gibt und alles in die Luft fliegt. Du weißt nicht einmal, ob du noch jemals einen einzigen Atemzug in deinem Leben machen kannst. Niemand kann dir das garantieren. Also geht es nur darum, dass du den Weg – »jetzt« gehst.

Den Weg zu gehen bedeutet, sich auf die Wirklichkeit des Hier und Jetzt einzulassen. Denn da die Wirklichkeit die allumfassende Ganzheit ist, umfasst sie alle drei Zeiten, Vergangenheit, Gegenwart und Zukunft, in einem einzigen »Jetzt«! Hier fällt alles in einem Punkt zusammen. Aus diesem Grund sagt Joshu: »*Geh, und wasch deine Essschalen.*« Mit anderen Worten: Steh hier nicht so nutzlos herum, und plappere nicht so dumm daher, sondern tu das, was die augenblickliche Situation erfordert. Dies ist weit besser, als eine Diskussion auf falschen Begriffen aufzubauen. Das heißt: Es hat keinen Sinn, gehirnakrobatische Verrenkungen zu fabrizieren und intellektuellen Sperrmüll aufzuhäufen.  Denn: »Alles begriffliche Denken ist eine irrtümliche Meinung, und das Nichtbezweifeln von Worten ist eine große Krankheit«, sagt Zen-Meister Huang-po.

Alles spekulative, philosophische Denken hat nur einen hinführenden und somit relativen Wert und muss letztlich überstiegen werden. Ob ihr die heiligen Schriften der *Upanishaden* lest, die Schriften der buddhistischen *Hua-yen*-Philosophie, die *Advaita-Vedanta*-Schriften oder ob ihr die buddhistischen *Sutras* lest. All das sind nur Finger, die auf den Mond weisen, wie es im *Lankavatara-Sutra* heißt. Doch wenn ihr euch entschlossen habt, euch ganz auf die Praxis des Zen einzulassen und nun hierher kommt zu einem Zen-Meister, dann müsst ihr das alles loslassen. Es muss überstiegen werden, »wo du auch stehst – Freund, steig höher hinauf«, ruft uns auch der christliche Mystiker Meister Eckhart zu. Selbst wenn du mal »geblinzelt« hast, wie es im Zen heißt, und hast eine mystische Erfahrung, vielleicht ein *Kensho* erlebt – geh weiter! Hierzu sagt der chinesische Zen-Meister Han-shan (17. Jh.):

> Viele von denen, die Zen praktizieren, erlangen oft nur eine oberflächliche Verwirklichung ohne Tiefe. Das Schlimmste aber ist, mit solch einer kleinen, an der Oberfläche bleibenden Realisation ohne Tiefe zufrieden zu sein.

Die alten chinesischen Chan-Meister des ursprünglichen chinesischen Zen haben niemals so ein großes Getue um kleine *Kensho*-Erfahrungen gemacht, wie das heute in japanischen Zen-Klöstern üblich ist.

Wenn heutzutage ein Zen-Praktizierender einmal nur

so ein kleines Aufblinken erlebt, dann wird ihm dort gleich die Erleuchtungsurkunde, *Inka-Shomei*, verliehen. Nicht umsonst sagte mein Meister Soji Enku öfters: »Heutzutage ist es fast eher möglich, eine Stecknadel im Heuhaufen zu finden, als einen wirklich erleuchteten Zen-Meister in Japan.« Und der vor wenigen Jahren verstorbene japanische Zen-Meister Kôun Yamada schrieb in seinem Vorwort zum *Mumonkan*: »Es ist keine Übertreibung zu behaupten, dass Zen in Japan dabei ist, vollständig auszusterben. So traurig es ist – dies ist die tatsächliche Situation.«

Eines Tages, während des *Dharma*-Vortrags beim großen Zen-*Sesshin* bei meinem Meister Soji Enku, wurde mein Geist plötzlich offen, hell leuchtend und klar, und das strahlende Licht meines wahren Seins weitete sich ins Grenzenlose. Als der Meister nach Beendigung seines *Dharma*-Vortrags in der großen *Dharma*-Halle wieder in seinem Zimmer war, ließ er mich zu sich rufen. Als ich sein Zimmer betrat, schaute er mich ohne ein Wort zu sagen lange eindringlich an. Ich erzählte ihm von meiner Erfahrung und er hörte still zu. Nachdem er mir gemäß der Zen-Tradition mehrere *Koan*-Fragen gestellt hatte, die ich alle spontan beantwortete, umarmte er mich und rief voller Freude aus: »Tatsächlich! Du hast wirklich das torlose Tor durchschritten.« Dann sagte er: »Höre genau zu, was ich dir jetzt sage. Wirf den Gedanken an deine Erleuchtung weg! Denke nie, dass es etwas ganz Besonderes sei, denn es ist der natürliche Zustand deines wahren, ursprünglichen Seins. Im Zen heißt es: ›Der wirklich Erleuchtete ist der, der seine Erleuchtung vergessen hat.‹ Doch wenn du dich an der Erleuchtungserfahrung festhältst, dann wird sie zu etwas Besonderem, was deinen weiteren Transformationsprozess zur ›*Hum*-Verwirklichung‹, das heißt zur großen Verwirklichung nach der Erleuchtung, verhindert.«

Doch kommen wir nun wieder zurück zu Zen-Meister Joshu und den Essschalen des Mönchs.

Zen-Meister Joshu fragt: »*Hast du schon gefrühstückt?*« – »*Ja, Meister.*« – »*Gut, dann geh, und wasch deine Essschalen.*«

Geh und wasch deine Essschalen. »Jetzt«, sofort. Halte dich nicht unnötig auf mit unlösbaren, philosophischen Problemen. Lass dich unmittelbar auf den gegenwärtigen Augenblick ein, »jetzt-hier«, und du wirst erfahren, was die Wahrheit des Zen ist. Dieses Einlassen muss aber von solch konsequenter Art sein, dass wir alles – was es auch sei – hinter uns lassen, alle Verhaltensmuster und Denkmodelle, einfach alles. Befreien wir uns wirklich von allem! Das ist der Weg des Zen. »Hier-jetzt« gegenwärtig sein und sich versenken, das heißt, sich darauf einlassen, auf das, was »jetzt« ist. Nur in diesem Jetzt erfahren wir die Dimension der grenzenlosen Wirklichkeit des Einen Geistes.

Eines Tages kam ein anderer Schüler zu Meister Joshu und fragte ihn: »Welches Zen wurde damals von Bodhidharma aus Indien nach China gebracht?« Joshu antwortete: »Was hat es für einen Sinn, über eine solch alte Geschichte zu sprechen? Was ist ›jetzt‹ in diesem Augenblick ›dein‹ Zen?«

In diesem Augenblick – genau an diesem Ort – offenbart sich die Wahrheit des Zen. Sie liegt weder in der Vergangenheit noch in der Zukunft. Das Hier und Jetzt ist die Ewigkeit selbst, und Zeit ist nichts anderes als Folgeerscheinung des Denkens, und somit »Illusion«. Im Allgemeinen sind wir davon überzeugt, dass die Zeit in einer geraden Linie verläuft, von der Vergangenheit zur Zukunft hin. Auf dieser geraden Zeitlinie leben wir unser Leben und teilen es ein in Vorher und Nachher. Doch die Vergangenheit ist schon vorüber, und die Zukunft existiert noch nicht. Vergangenheit und Zukunft sind nichts anderes als Gedanken, die im gegenwärtigen Moment im Geist erscheinen. Die Erfahrung von Zeit ist demzufolge nichts anderes als Denken, und »alles Denken ist eine irrtümliche Meinung«, und somit ist Zeit nicht existent. Der chinesische Zen-Meister Huang-po (9. Jh.), einer der größten Meister in der Geschichte des Zen, drückt es folgendermaßen aus:

> Sobald Gedanken aufsteigen, verfällst du dem Dualismus. Anfanglose Zeit und der gegenwärtige Augenblick sind das gleiche. Es gibt kein Zuvor und kein Danach. Nur wegen deines Nichtwissens unterscheidest du zwischen beiden. Würdest du jedoch verstehen, wie könnte es dann noch eine Unterscheidung geben. Diese Wahrheit verstehen, nennt man die vollkommene unübertroffene Erkenntnis.

Hinter allem Denken, und somit jenseits der Illusion

von Raum und Zeit, offenbart sich unser »ursprüngliches Angesicht vor unserer Geburt«. Diese stets allgegenwärtige Wirklichkeit unseres wahren Seins können wir aber nur dann erfahren, wenn wir uns ganz auf das »Hier und Jetzt« einlassen. Also, lass dich ein auf das Jetzt! Sei »jetzt« in diesem Augenblick wirklich hier ohne Gedanken, ohne Begriffe und ohne Vorstellungen! Geh vollkommen auf in diesem Augenblick. Dies ist der Weg des direkten, augenblicklichen Erfassens der Wirklichkeit, so wie sie ist!

Sei nicht fixiert, sondern bleibe bei allen Anforderungen des täglichen Lebens natürlich und spontan. Doch denke nicht: »So, jetzt bin ich ganz entspannt im Hier und Jetzt«, denn in dem Augenblick bist du schon wieder fixiert, bist du schon wieder im Denken. Es gibt nichts zu tun, als den Geist in seinem natürlichen Zustand zu lassen, denn der natürliche Geist ist der *Dharmakaya* – die höchste Wirklichkeit. Lass dich nur ganz auf den gegenwärtigen Augenblick ein – »hierjetzt!« und halte dich an nichts fest. Lass alles los!

Mach auch nicht den Fehler, dich an der Stille festzuhalten, so dass du die äußeren Geräusche als Störung empfindest. Wenn du einen Ton hörst – dann sei ganz der Ton. Werde selbst zum Geräusch eines vorüberfliegenden Flugzeugs, werde zum Bellen des Hundes und zum Gesang des Vogels. Was es auch sei, es ist alles das Eine. Der Wahrnehmende, der Wahrnehmungsprozess und das Wahrgenommene, alles ist eine einzige Wirklichkeit. Alles, was du wahrnimmst, sind nur Wellen deines eigenen Geistes, und demzufolge der Geist selbst. Nichts kommt von außerhalb des Geistes. Die allgemeine Vorstellung ist, unser Geist nehme Eindrücke und Erfahrungen von außen auf, aber das ist ein gewaltiger Irrtum. Die Wahrheit ist, dass der Geist alles umfasst. Wenn man meint, etwas von außen wahrzunehmen, bedeutet dies nur, dass es im Bewusstsein erscheint. In einem alten *Mahamudra*-Text des tibetischen Meisters Orgjenpa heißt es:

> Es gibt keine Erscheinungen, die nicht Geist sind. Deine gewohnheitsbedingten Wahnideen existieren nicht wirklich. Alles ist vollkommen gleichwertig im Geist. Die wahre Natur ist in sich selbst leer und ungeboren wie der Himmelsraum. Erscheinungen sind wie Spiegelbilder. Hältst du sie für real, wirst du von den Erscheinungen des Geistes getäuscht. Die Scheinwelt ist das Spiel des Geistes: Haftest du daran, wirst du von den Eigenerscheinungen des Geistes getäuscht. Alles ist nur ein illusorisch-magisches Schauspiel.

Wenn dein Bewusstsein nicht fixiert ist, dann gibt es keine dualistische Interpretation der Aktivitäten des Geistes. Dann erkennst du, dass all diese Aktivitäten nur Wellen auf der Oberfläche des Geistes sind.

Wenn du in der Zen-Meditation, dem *Za-Zen*, auf deinem Meditationskissen sitzt und es erheben sich die Wellen des Denkens, dann schau die Gedanken einfach nur an. Fang nicht an zu analysieren, wo sie herkommen und wo sie hingehen, und versuche nicht, sie zu unterdrücken. Sei ohne jede Bezugnahme – nur einfach hinschauen, sonst nichts. In dem Augenblick können sie sich nicht mehr halten: Denn die Gedanken werden durch das Ergreifen und Verdrängen aktiviert und verfestigen sich erst, wenn du Bezug dazu nimmst, und so bilden sich dann die Gedankenketten. Wenn du aber im Gewahrsein des Geistes bist, lösen sich die unterscheidenden Gedanken auf, und du verweilst in der heiteren Klarheit des Geistes.

Wenn die Gedanken sich erheben, dann erheben sich alle Dinge, und wenn die Gedanken schwinden, dann schwinden alle Dinge.

Das heißt: Wenn die Gedanken sich erheben, dann erheben sich auch alle Gefühle; und wenn die Gefühle sich erheben, geht die Fähigkeit für unkonditioniertes, klares Erkennen und Handeln verloren. Gedanken sind Bewegungen im Geist. Wenn du aber nur hinschaust, sie einfach nur wahrnimmst, ohne jede Bezugnahme in Form von Annehmen und Verwerfen, dann lösen sie sich von selber auf in das strahlend klare Selbstgewahrsein des Geistes. Deshalb sagt Zen-Meister Pai-chang (8. Jh.), der Meister von Huang-po:

> Wenn dein Geist sich bewegt, so folge ihm nicht, und er wird sich von der Bewegung loslösen. Und wenn dein Geist auf irgend etwas ruht, so folge ihm nicht, und er wird sich von dem loslösen, worauf er ruht.

Es geht hier also um ein ununterbrochenes, ständiges Selbstgewahrsein des Geistes überall und zu jeder

Zeit. Dieses bei sich selbst Verweilen geschieht jedoch, wie ich schon sagte, nicht durch gewaltsame Willensanstrengung. Wenn wir während der Zen-Meditation merken, dass unser Geist wieder zerstreut ist, ist es ein großer Fehler, uns über uns selbst zu ärgern. Wir dürfen auch keine Ablehnung gegen die Gedanken aufkommen lassen. Eine ablehnende Haltung gegen den eigenen Geist erschöpft uns nur. Hier ist es sehr nützlich zu wissen, dass der Geist sehr oft seine Klarheit zurückgewinnt, sobald er sich bewusst wird, dass er seine Aufmerksamkeit verloren hat.

Die grundlegende Geisteshaltung rechter Zen-Praxis ist: Achtsamkeit verbunden mit Anstrengungslosigkeit und Absichtslosigkeit. Sei einfach ganz natürlich und absichtslos bei allem, was du tust. In diesem absichtslosen Gewahrsein zeigt sich im fortlaufenden Prozess der geistigen Transformation die wahre Natur deines ungeborenen und todlosen Geistes. Dann wird sich dein wahres Sein manifestieren in seiner allumfassenden Ganzheit, das ganze Universum durchstrahlend mit seinem grenzenlosen Licht. Dies ist die so-seiende Wirklichkeit, – *Tathata*, so wie sie ist. Die Frage von Geburt und Tod ist mit einem Schlag gelöst, denn da, wo die grenzenlose Wirklichkeit, die Ewigkeit sich offenbart, da gibt es kein Davor und kein Danach. Du kommst nirgendwo her und gehst nirgendwo hin.

Es ist ein großer Irrtum zu glauben, dass wir irgendwann einmal geboren wurden und irgendwann einmal sterben werden. Es ist ein großer Irrtum zu glauben, dass es eine Vielheit von verschiedenen Wesen und Dingen gibt. Denn alles ist nur ein Traum, ohne jede

Wirklichkeit. Deshalb sagt der chinesische Zen-Meister Han-shan (17. Jh.):

> Diejenigen, die entschlossen sind, den *Dharma* zu üben, sollten unerschütterlich an die Nur-Geist-Lehre glauben. Nichts existiert außerhalb des Geistes. Der Zen-Schüler sollte sein früheres Wissen und Verstehen vollständig aufgeben. Gelehrtheit und Klugheit helfen hier nichts. Er sollte auf die Welt wie auf eine Sinnestäuschung blicken. Was er sieht, sind Luftspiegelungen, Bilder, gleich dem Mond, der sich im klaren Wasser spiegelt. Die Töne, die er hört, sind Lieder des Windes, der durch die Bäume bläst. Er sollte alle Erscheinungen wie Wolken sehen, die am Himmel vorüberziehen – vergänglich und unwirklich wie im Traum. Nicht nur die äußere Welt, sondern alle gewohnten Gedanken, die Leidenschaften, alle Wirrnisse und Begierden unseres Geistes sind gleichermaßen ohne Substanz, nicht wirklich, sondern wurzellos und fließend.

Die Praxis des Zen ist der Weg, diesen ganzen Traum einer äußeren Erscheinungswelt in Raum und Zeit zu durchschauen. Es geht in erster Linie darum, dass du in diesem Traum zu einem hellklaren Gewahrsein des Geistes und somit der Wirklichkeit deines wahren Seins gelangst und alle trügerischen Erscheinungen durchschaust. Die wesentliche Voraussetzung hierzu ist: »Sei gelöst und entspannt in heiterem Gewahrsein des Geistes bei allem, was du tust.« Denn sowie du dich anstrengst und dieses Gewahrsein »machen« willst, erzeugst du nur Spannung. »Spannung ist gehemmtes Wollen«, heißt es im *Mahamudra*. Sowie du gelöst und entspannt im heiteren Gewahrsein sein »willst« – in dem Augenblick geschieht genau das Gegenteil. Sei daher ungekünstelt, ohne vorsätzliche Absicht, entspannt und gelöst. Mit den Worten Meister Eckharts: »Dort, wo du dich findest, da lass dich.«

»Nichts ist wichtig angesichts der Gegenwart des Todes«, sagt Zen. Weil dem so ist, ist es wesentlich, sich bewusst zu sein, dass alles, was uns als wichtig erscheint, in dem Augenblick, wenn es ans Sterben geht, vollkommen ohne Belang ist. Nichts bleibt, noch nicht einmal die Erinnerung bleibt. Alles löst sich auf.

Jeder Mensch, der sich wirklich ernsthaft auf dem geistigen Weg bemüht, hat gemäß der buddhistischen Lehre die Möglichkeit, zu solch einer spirituellen Verwirklichung zu gelangen, dass er im Augenblick des Todes Erleuchtung und somit Befreiung erlangen kann. Das ist ein ganz wesentlicher Punkt. Es gibt aber auch einige wenige Menschen, denen die wunderbare Gnade zuteil wird, Erleuchtung während ihres raum-zeitlichen irdischen Lebens zu erfahren. Sie sind dadurch berufen, anderen Menschen den Weg zur Befreiung zu weisen.

Sterben heißt aber nicht nur, dass du hier in der raum-zeitlichen Welt lebst und irgendwann der Moment deines leiblichen Todes kommt und du dann stirbst. Denn jeder Augenblick ist ein Sterben. Ständig stirbt etwas. Alles, was es auch sei, unterliegt dem Gesetz der Vergänglichkeit. Ständig sind wir konfrontiert mit dem Sterben, in welcher Erscheinungsweise auch immer, und zugleich mit der Möglichkeit anzuklammern oder loszulassen.

Zen-Praxis ist der Weg des sich Einübens in das Sterben – des sich Einübens in das Loslassen. Zen sagt: »Stirb, noch während du lebst, und sei ganz tot, und dann tu was immer du willst, und alles ist gut.« In diesem Vollzug des mystischen Sterbens löst sich die Unterscheidung zwischen Leben und Tod auf. *Nirvana* und *Samsara* offenbaren sich als die eine, einzige Wirklichkeit. Und das *Sukhavati*-Paradies des Buddha *Amitabha*, des Buddhas des grenzenlosen Lichtes, offenbart sich genau dort, wo du gerade bist. »Jetzt-hier«, in diesem Augenblick offenbart sich das strahlende Lotusland in seiner ganzen Herrlichkeit.

# 3

## *Frei von Besorgnis und Furcht*

*Viele Praktizierende des Zen haben Angst, ihren Geist leer zu machen. Sie fürchten, in die Leere zu fallen, und wissen nicht, dass ihr eigener Geist die Leere ist.*
*Der Unwissende meidet die Erscheinungen, aber nicht die Gedanken an die Erscheinungen; der Weise meidet die Gedanken an die Erscheinungen, aber nicht die Erscheinungen.*
ZEN-MEISTER HUANG-PO (9. JH.)

Zen-Meister Huang-po sagt in dieser sehr wesentlichen Textstelle sehr viel über ein bei Zen-Praktizierenden häufig vorkommendes Hindernis aus:

*Viele Praktizierende des Zen haben Angst, ihren Geist leer zu machen.*

Was heißt das, »den Geist leer machen«? Von was soll man den Geist leer machen? Von »allem«, was es auch sei, heißt es im Zen. Von allen Vorstellungen, Begriffen und Konditionierungen – das heißt von Verhaltensmustern und Denkmodellen; von all dem muss der Geist befreit werden.

In der reinen, ursprünglichen Praxis des Zen geht es einzig und allein um die Erfahrung des ungeborenen, strahlenden Selbst-Geistes. Um diese Wirklichkeit ihres wahren göttlichen Selbst zu erfahren, bemühen sich viele geistig Suchende eifrig mit vielerlei Methoden. Durch dieses Bemühen, in der Anwendung aller möglichen spirituellen Praktiken erreichen sie jedoch nur, dass sich viele Gedanken und Vorstellungen auf der Oberfläche ihres Geistes aktivieren. Das halten sie dann für das wahre spirituelle Leben und meinen, das sei echte Zen-Praxis. Doch alle großen Meister des Zen fordern von uns, alles vollkommen loszulassen. »Der Geist ist von strahlender Klarheit erfüllt, darum werft die Dunkelheit eurer alten, toten Begriffe fort. Befreit euch von allem!« sagt Huang-po.

Während dem *Za-Zen,* der Zen-Meditation, kann es geschehen, dass sich plötzlich und unverhofft solch ein Moment der Loslösung ereignet. Doch in dem Augenblick aktiviert sich sofort – als Schutzmechanismus des Ego – der Prozess der Anklammerung, im Sanskrit *Ahamkara* genannt. *Ahamkara* heißt wörtlich: »der Ergreifer oder auch Ich-Macher«. Er aktiviert das unterscheidende, begriffliche Denken, das die Vorstellung schafft, ein einmaliges, von allen anderen getrenntes Wesen zu sein. Durch diese Dualität der Subjekt-Objekt Beziehung erhebt sich dann die Wahnvorstellung einer vielfältigen, äußeren Erscheinungswelt, mit der starken Tendenz des Anklammerns an diese.

Der Mensch identifiziert sich im Allgemeinen mit seinen Bewusstseinsinhalten und meint, das sei die Wirklichkeit. In dem Augenblick, wenn aber plötzlich keine Bewusstseinsinhalte mehr da sind und er für einen kurzen Moment an den Grenzbereich der Leere des Geistes kommt –, dann sucht er in panischer Angst einen Haltepunkt. Er klammert sich sofort fest an seine Persönlichkeitswahn bildenden Identifikationen. Er klammert sich fest, weil er glaubt, dass diese ganze Ansammlung von Körperlichkeit, Empfindungen, Wahrnehmungen, Geistesregungen und Bewusstseinsformationen seine Persönlichkeit sei. Aus diesem Grund sagt Zen-Meister Huang-po:

> *Sie fürchten, in die Leere zu fallen, und wissen nicht, dass ihr eigener Geist die Leere ist.*

So groß ist die Verblendung, dass die meisten Menschen – wenn die grenzenlose Leere des Geistes, die Wirklichkeit des göttlichen Seins aufstrahlt – sich sofort festklammern und zurückwenden zu ihrem begrenzten Gewohnheitsbewusstsein, und somit das Göttliche fliehen. Dies geschieht auch im Augenblick des Todes, wenn der Mensch stirbt. Das tibetische Totenbuch sagt: »Im Augenblick des Todes strahlt das Licht des *Dharmakaya* – das Licht der letzten Wirklichkeit, auf.«
Doch nur die Allerwenigsten werden in diesem Moment fähig sein, loszulassen und sich diesem Licht des aus sich selbst strahlenden Einen Geistes zu überantworten. Stattdessen wird das Bewusstsein im *Bardo*, dem Zwischenzustand zwischen Tod und Wiedergeburt, gemäß seiner Konditionierungen und seiner selbsterzeugten, raum-zeitlichen Begrenzung, eine Vielzahl von Erscheinungen projizieren. Dies geschieht solcherart, dass es gar nicht mehr unterscheiden kann, ob sie wirklich oder unwirklich sind, so wie im Traum, und es wird davon weggezogen werden.

*»Sie fürchten, in die Leere zu fallen, und wissen nicht, dass ihr eigener Geist die Leere ist.«,* sagt Huang-po.

Diese Leere, dieser Eine Geist ist das geburt- und todlose göttliche Selbst. Es ist diese eine Wirklichkeit, die uns in allen Dingen begegnet: in jedem Baum, jeder Blume, in jedem Schmetterling und auch in einem alten Autoreifen – überall. Das ist die Ganzheit von allem. Das ist die vollkommene Harmonie – weder heilig noch nicht heilig. »Offene Weite, nichts von heilig«, sagt Bodhidharma, der legendäre Patriarch des Zen.

Die Angst, den Geist leer zu machen und in die Leere zu fallen, ist Folgeerscheinung des Nichtdurchschauens der trügerischen Natur aller Erscheinungen und der daraus resultierenden Anhaftung. Doch in dem Augenblick, wenn wir erkennen, dass alle Erscheinungen, das ganze Universum, alles, was es auch sei, der Eine unteilbare Geist ist, in der Erscheinungsweise dessen, als was er uns erscheint: Was gibt es da noch zu fürchten? Dieser Eine Geist ist die Quelle allen Lebens. Er ist das Leben, das allem Leben Leben gibt, und somit das Leben selbst. Doch das, womit du dich identifizierst und woran du festklammerst, ist der Tod. Denn wenn diese Quelle allen Lebens, diese absolute Glückseligkeit sich offenbart, und du festklammerst, klammerst du fest am Tod. Das ist die Illusion, der Traum, das Nichtwissen, das ist der »Wahnsinn«!

In dem Augenblick, wenn sich die grenzenlose Weite des Geistes, die indischen *Upanishaden* nennen sie *Sat-Chit-Ananda:* reines Sein, reines Bewusstsein, reine unendliche Glückseligkeit –, wenn sich diese absolute unendliche Wirklichkeit offenbart: Was gibt es da noch zu fürchten? Was gibt es da noch zu fürchten, wenn sich die Dimension der absoluten göttlichen Geborgenheit offenbart?

Ich möchte an dieser Stelle das zum Loslassen nötige Vertrauen anhand eines Erlebnisses aus meiner Kindheit veranschaulichen: Als ich ein kleines Kind war, nahm mich mein Vater oft mit in unseren Garten. Auf dem Weg dorthin befand sich ein Haus mit einer hohen Mauer, und da es mir Spaß machte, darauf zu laufen, stellte mich mein Vater oben drauf. Kaum war ich auf der Mauer, rannte ich auch gleich los. Und jedes Mal, wenn ich am anderen Ende der Mauer ankam, stand mein Vater mit ausgebreiteten Armen vor mir, und ich bin voll Vertrauen hineingesprungen, hinein in die rettenden väterlichen Arme.

*Viele haben Angst, ihren Geist leer zu machen. Sie fürchten, in die Leere zu fallen, und wissen nicht, dass ihr eigener Geist die Leere ist.*

Der eigene Geist und die grenzenlose Weite des Einen Geistes sind nicht verschieden – sie sind ein und dieselbe Wirklichkeit, so wie die Welle und das Meer. Um aber zur Erfahrung dieser allumfassenden Ganzheit zu kommen, ist es notwendig, eine Geisteshaltung zu verwirklichen, in der man nicht mehr Sklave des begrifflichen Denkens ist. Jedoch das Denken an sich ist weder positiv noch negativ, Gedanken kommen, Gedanken gehen. Doch in dem Augenblick, wenn die Gedanken sich verselbständigen, bilden sich Gedankenketten. Und dann befindest du dich in der Anhaftung, dann bist du in der Illusion von Vergangenheit und Zukunft, und bist aus deiner Mitte herausgefallen. Deshalb ist es von grundlegender Wichtigkeit, zu einer Bewusstseinsverfassung des ständigen Gewahrseins des Geistes bei allen unseren Tätigkeiten zu kommen. Der tibetische *Mahamudra*-Meister Milarepa (11. Jh.) sagt:

> Ob du gehst, sitzt oder schläfst, immer blicke auf deinen Geist, pausenlos und ohne Unterbrechung; das ist die wahre Übung, die jeder Mühe lohnt.

Nur wenn man wirklich frei wird von den Zwängen des unterscheidenden, begrifflichen Denkens und die Gedanken an nichts mehr anhaften, was es auch sein mag, wird man zu einem wahren Zen-Verständnis gelangen. Die Wahrheit des Zen kann sich nur in einem Geist entfalten, der völlig befreit ist von dem Zwang des unterscheidenden, begrifflichen Denkens. Denn jede Unterscheidung zwischen diesem und jenem macht den Menschen zum Sklaven seiner selbstverursachten geistigen Projektionen. Wer glaubt, das unaussprechliche Geheimnis seines Seins mit Hilfe des Intellekts und durch Gelehrsamkeit lösen zu können, der wird sich nur immer weiter von der Wahrheit entfernen. Denn erst wenn der Geist vom Rankengewirr des unterscheidenden, begrifflichen Denkens gereinigt ist, wird sich das leuchtende Strahlen des unbefleckten Einen Geistes offenbaren.

*Der Unwissende enthält sich der Erscheinungen,*
*aber nicht der Gedanken an die Erscheinungen;*

*der Weise enthält sich der Gedanken an die Erscheinungen, nicht aber der Erscheinungen,*

heißt es bei Huang-po weiter. Viele Menschen glauben, religiöse Praxis bestehe darin, der Welt zu entsagen, indem man sich zurückzieht von der »bösen Welt« mit ihren Versuchungen und Zerstreuungen. Und so ziehen sich viele zurück in eine Eremitage, in ein Kloster oder sitzen bloß noch zu Hause auf dem Meditationskissen und meinen, das sei jetzt wahres, spirituelles Leben.

Auf dem »großen Zen-Weg« geht es jedoch darum, dass wir uns mitten im Trubel des Lebens auf alle Situationen einstellen und entsprechend handeln können – und dabei im Gewahrsein des Geistes bleiben. Denn Ruhe und Bewegung schließen sich nicht gegenseitig aus. Im Gegenteil, sie ergänzen sich und müssen deshalb als Einheit erfahren werden. Deshalb sagt der taoistische Meister Tsai-ken-tan:

> Die Ruhe in der Ruhe ist nicht die wirkliche Ruhe. Nur wenn es Ruhe in der Bewegung gibt, kann der geistige Rhythmus erscheinen, der Himmel und Erde durchdringt.

Man braucht nicht das Tätigsein in der Welt aufzugeben, um zur Verwirklichung zu gelangen. Sind wir uns stets bewusst: Aktives Handeln in der Welt und müheloses Gewahrsein des Geistes sind nicht zwei voneinander zu trennende Dinge. Nur wenn wir unterscheiden zwischen weltlichem und spirituellem Leben, dann machen wir zwei daraus. Ein echter Schüler des Zen lebt vollkommen frei in der Welt und wird von nichts aufgehalten. Mitten in den Anforderungen unseres modernen Lebens inmitten aller Dinge, bleibt er doch frei und unabhängig von allem. Wie der Wind in den Bäumen und der Mond im Wasser befindet er sich stets in klarer Übereinstimmung mit allem. Sein Geist ist ohne Kommen und Gehen und haftet an nichts. Er haftet nicht an seinem Tun, sitzt aber auch nicht tatenlos herum, und so kann er inmitten aller weltlichen Bedingungen zum Wesentlichen durchdringen. Da er mitten in der Welt vollkommen frei ist, besteht für ihn auch kein Anlass, wie der Unwissende die Welt zu fliehen.

*Der Weise meidet die Gedanken an die Erscheinungen, nicht aber die Erscheinungen.*

Der Weise lebt mitten in der Wandelwelt. Er kommt und geht, so wie es den Erfordernissen entspricht, und ist vollkommen frei. In der chinesischen Zen-Malerei sehen wir oft einen kleinen, dicken Mann mit einem großen Sack über der Schulter und mit einem breiten Lachen auf dem ganzen Gesicht. Hierbei handelt es sich um Hotei, den »Lachenden Buddha«, wie ihn die Chinesen nennen. Er ist die Verkörperung des im letzten der »zehn Ochsenbilder« dargestellten Ideals des Zen-Buddhismus. Er lebte während der Tang-Dynastie, der Zeit der Hochblüte des Zen. Hotei war ein Zen-Meister von hoher geistiger Verwirklichung, doch er hatte kein Verlangen, in einem Kloster zu leben und Schüler um sich zu sammeln.

Stattdessen zog er, mit seinem Sack auf dem Rücken, durch die Dörfer und verteilte Süßigkeiten an die Kinder.

Eines Tages traf Hotei auf einen Mönch, und dieser fragte ihn: »Was ist das Geheimnis des Zen?«

Hotei ließ sofort als stumme Antwort seinen Sack, den er auf dem Rücken trug, zu Boden fallen.

»Dann sage mir«, fragte der Mönch, »worin besteht die Verwirklichung des Zen?«

Sofort ergriff der Lachende Buddha seinen Sack, warf ihn sich über die Schulter und ging seines Weges, ohne sich noch einmal umzuschauen.

Der wahre Mensch des Zen geht in die Stadt unter die Menschen und lebt die Wahrheit des Zen mitten im Alltag der Welt. Er ist vollkommen frei und unabhängig und kommt und geht, so wie es ihm gefällt. Er tut dieses und jenes, er kann es aber auch sofort wieder sein lassen und etwas ganz anderes machen. Und warum ist dem so? Weil er kein Sklave von Konditionierungen und Verhaltensmustern ist. Deshalb braucht er sich auch nicht von der Welt zurückzuziehen. Ganz im Gegenteil: Er wandelt mitten in der Welt der Erscheinungen in vollkommener Freiheit. Er erlebt, indem er sich ganz auf die Dinge einlässt, dass gerade mitten in der Welt der Erscheinungen die göttliche Herrlichkeit in ganzer Pracht aufstrahlt. Überall begegnet sie ihm. Mit den Worten von Zen-Meister Yüan-wu (12. Jh.):

> Wenn du frei und eigenständig bist, bindet dich nichts, und so suchst du auch nicht mehr Befreiung. Du vollziehst einfach, was

Zen ist, und gehst auf in der Einheit. Dann gibt es für dich keine weltlichen Dinge außerhalb des Buddhismus und keinen Buddhismus außerhalb weltlicher Dinge.

Manch einer, der sich zurückgezogen hatte von der Welt, um nur noch in stiller Kontemplation zu leben, ist, als er wieder mit der Welt konfrontiert wurde, an den Anforderungen des Alltags verzweifelt und in die Psychose gefallen. Er konnte das Leben im Trubel der Welt nicht ertragen. Und warum ist dem so? Weil das Heilige und das Gewöhnliche zusammengehören und nicht getrennt werden können. Man hört heute oft, *Nirvana* und *Samsara*, das heißt – »die große Befreiung und die Welt von Geburt und Tod«, müssten polarisiert werden. Doch solche Aussagen sind völlig unsinnig und mit der Wahrheit des Zen unvereinbar. *Nirvana* und *Samsara* müssen nicht polarisiert werden, weil es da gar nichts zu polarisieren gibt, denn sie sind ein und dieselbe Wirklichkeit. Das wäre genauso, als wenn wir sagen würden, dass das Meer und die Wellen auf der Oberfläche des Meeres polarisiert werden müssen, dass sie harmonisiert werden müssen. Das würde keinen Sinn ergeben, denn das Meer und die Wellen sind eine allumfassende, untrennbare Ganzheit, eine einzige Wirklichkeit, in der alles gut ist, so wie es ist.

Es geht hier nur um die Klarsicht, um die klare ungetrübte Erkenntnis. All das, was die Wirklichkeit des strahlenden Selbst-Geistes überdeckt, das sind nur die dualistischen Gedanken. Es ist das Annehmen und Verwerfen, das Unterscheiden von richtig und falsch, hätte ich, könnte ich, sollte ich, täte ich. All das muss fallen, denn »alles begriffliche Denken ist eine irrtümliche Meinung«, sagt Zen-Meister Huang-po. Und dann seht ihr, dass das *Sukhavati*-Paradies des Buddha *Amitabha*, das Paradies des grenzenlosen Lichtes, in seiner ganzen Herrlichkeit schon gegenwärtig ist, weil es schon immer gegenwärtig war. Das, was wir in jedem Augenblick vor uns haben, ist diese Wirklichkeit des göttlichen Seins in ihrer ganzen Vollkommenheit, und es existiert nichts außer ihr. Sie ist allgegenwärtig, still und rein und offenbart sich als herrliche, geheimnisvoll friedvolle Freude. Wir sind mittendrin im Paradies. Es gibt nichts zu erreichen. Wir kommen nirgendwo her, und es gibt auch nichts, wohin wir gehen könnten. Alles ist wunderbar, so wie es ist.

Wer das nicht erkennt, der kommt ins Grübeln und fängt an zu unterscheiden. Dann fängt er an zu jammern und zu klagen und sagt: »Ich habe den Eindruck, dass ich stehen bleibe auf dem geistigen Weg, dass ich keinen Fortschritt mache. Woran liegt das nur?« Die Antwort ist ebenso klar wie einfach. Es liegt daran, dass du projizierst, und diese Projektionen zwischen dir und der absoluten Wirklichkeit werden dann zu Schablonen, durch die hindurch du alles betrachtest. Alles nimmt dann genau diese Färbung und Formen an, die du durch deine selbstprojizierten Schablonen siehst. So schaust du dann auf die grenzenlose Weite des strahlenden Selbst-Geistes und siehst nur deine eigenen projizierten Formen und meinst: So ist die Wirklichkeit, das ist die Realität.

Doch Zen sagt: »Wirf alles weg, was es auch sei. Wirf alles weg!« Nur so erlangst du die große Befreiung. Befreiung bedeutet – wie das Wort schon sagt –, dass du dich befreist. Deshalb ist es auch das wesentliche Wort im Buddhismus und überhaupt in allen Religionen. Es geht immer um die Befreiung. Zen-Meister Huang-po sagt:

> Der Geist ist von strahlender Klarheit erfüllt, und deshalb werft die Dunkelheit eurer alten, toten Begriffe fort. Befreit euch von allem!

Wirklich den Mut zu haben, sich von allem zu befreien, ist der Weg zur Erleuchtung. Selbst das allerkleinste Hindernis muss weggeräumt werden, denn das Größte ist dem Kleinsten gleich, und das Kleinste ist dem Größten gleich. Dies sagt uns auch das *Koan* aus dem *Mumonkan*, einer chinesischen *Koan*-Sammlung aus dem 13. Jahrhundert. Da heißt es:

> Eine Kuh geht durch ein Fenster. Ihr Kopf, ihre Hörner, ihr Bauch und ihre vier Beine sind schon durchgegangen. Wie kommt es, dass ihr Schwanz nicht hindurch geht?

Um es klar und deutlich zu sagen: Das Licht des Einen Geistes strahlt erst dann auf, wenn alles, was sich vor dem Licht befindet, und sei es noch so klein, alles, was es auch sei, und sei es noch so schön und heilig, weggefegt wird. Zen-Meister Lin-chi (9. Jh.), der *Dharma*-Nachfolger von Huang-po, drückt es so aus:

> Räume jedes Hindernis aus dem Weg. Wenn

dir Buddha begegnet, so töte den Buddha! Nur so wirst du die Erlösung erlangen, nur so den Ketten entfliehen und frei werden.

Nun wirst du vielleicht sagen: »Gut, das ist zwar nicht leicht, aber ich werde mich jetzt bemühen und ernsthaft den geistigen Weg gehen, um mich von allem zu befreien.« Und dann wirst du mit ernster, finsterer Miene als »Zen-Leiche«, wie es im Zen heißt, durch die Gegend schleichen. Doch da bist du schon wieder im Irrtum. Solange das Universum besteht, hat es noch nie einen Menschen gegeben, der aus einem trübsinnigen Trauerkloß-Bewusstsein heraus zur Erleuchtung gelangt ist. Aber so wie die Ernsthaftigkeit des geistigen Strebens gern in Humorlosigkeit umschlägt, so besteht auf der anderen Seite die Gefahr, sich in das entgegengesetzte Extrem euphorischer Gefühlswallungen zu verlieren. Es ist ein verhängnisvoller Irrtum zu glauben, man könne in einem esoterischen Freudentaumel ins *Nirvana* hineintanzen. Menschen, die ohne rechte Anleitung eines kompetenten Lehrers den geistigen Weg gehen, stehen ständig in Gefahr, sich im Strudel des euphorischen Erleuchtungsrummels unserer Zeit zu verlieren.

Die wirkliche Heiterkeit des Geistes ist der natürliche Zustand unseres wahren Seins. »Mach einfach nur deinen Geist frei. Sei nicht zu sehr gespannt und nicht zu locker. Geh nur mit allem so um, wie es sich gerade zuträgt, und du wirst mit allem in Übereinstimmung sein«, rät uns deshalb Zen-Meister Ta-hui (12. Jh.).

Alle Vorstellungen von der Ernsthaftigkeit des geistigen Weges sind nur leere Begriffe und müssen überstiegen werden. Sie haben nur einen relativen Wert und müssen fallen, wenn ihr zur heiteren Klarheit des Geistes gelangen wollt. »Heiterkeit ist das letzte Wort der wahren Lehre«, heißt es im *Mahamudra*. Und der tibetische Lama Buton sagte im 14. Jahrhundert:

> Die Heiterkeit des Geistes ist ein Mittel zur Erkenntnis der Wahrheit, denn um diese Erkenntnis zu erlangen, muss der Geist, der unruhig und verworren gewesen ist, rein und heiter werden.

Diese Heiterkeit kannst du aber nicht »machen«. Manchmal sage ich beim *Kin-hin*, der Gehmeditation, zum Scherz: »Wollt ihr euch wohl sofort freuen!!!« Und schon lacht ihr. Würde ich aber sagen: »Ich möchte euch daran erinnern, heiter zu sein«, dann käme das Gegenteil dabei heraus. Aber in dem Augenblick, wenn ich das so als Spaß in den Raum setze und dabei mit dem Stock auf den Boden stoße, dann fangt ihr an zu lachen, und die Heiterkeit ist auf einmal da. Seht ihr: Ihr braucht die Heiterkeit nur zulassen.

Wenn das Wetter heiter ist, dann hängen keine dunklen Wolken am Himmel. Heiter bedeutet licht und klar. Licht und klar, das ist der ursprüngliche Zustand des Geistes. Das ist unser wahres Sein. Es ist aber nicht so, wie viele meinen, dass plötzlich, ohne eigenes Dazutun, die große Freude des göttlichen Seins aufstrahlt. Denn nur, wenn wir uns auf das wahre Leben, das uns mitten im Leben begegnet, ganz einlassen, dann werden wir die Wirklichkeit des Selbst-Geistes als die Quelle allen Lebens überall und zu jeder Zeit erfahren. Zum Beispiel in einer schönen idyllischen Landschaft, wie auch mitten im Getümmel der Welt, überall wo es auch sei werdet ihr das göttliche Leben immer mehr spüren. Es ist so wie am frühen Morgen, wenn die Sonne am Horizont aufgeht: Zuerst ist es noch dunkel, doch dann wird es langsam heller und heller, bis die Sonne oben am Himmel steht und die ganze Landschaft in ihrem Licht erstrahlt.

Die friedvolle Heiterkeit des Geistes, als unser wahrer, ursprünglicher Zustand, ist stets gegenwärtig. Es geht nur darum, dass wir uns auf die friedvolle Heiterkeit des Geistes einlassen, indem wir sie einfach nur zulassen. Dann offenbart sich uns das wirkliche Leben, dann ist das Leben erst das »wahre Leben«. Der chinesische Zen-Meister Yüan-wu (12. Jh.) gibt uns eine sehr gute Beschreibung dieses unbeschreibbaren Bewusstseinszustandes:

> Deine Existenz ist von aller Begrenzung befreit; du bist geöffnet, licht und durchscheinend geworden. Du gewinnst eine erleuchtende Schau in die wahre Natur aller Dinge, die dir jetzt erscheinen wie eine Ansammlung von leuchtenden Märchenblumen ohne greifbare Wirklichkeit. Hier offenbart sich dir dein wahres Selbst, das ursprüngliche Antlitz deines Wesens. Hier zeigt sich unverhüllt die herrliche Landschaft deiner eigentlichen Heimat.

Es ist nicht so, wie viele glauben, dass man zur Befreiung gelangen kann, indem man in der Abtötung der Sinne und des Geistes lebt. Wer so in der Abtötung des Lebens als wandelnder Leichnam durch die Gegend läuft, darf nicht hoffen, dass er im Augenblick seines Todes in das ewige große Leben eingeht. Das ist ein gewaltiger Irrtum. Wer hier in dieser Welt schon tot ist, der wird es auch in jener sein, nachdem er seinen Leib verlassen hat. Der kann dann nicht auf das ewige, glückselige Leben hoffen.

Mein Meister Soji Enku sagte einmal: »Es ist doch sehr erstaunlich, dass ausgerechnet jene, die in diesem Leben nicht wirklich leben, am liebsten ein ewig währendes Leben haben wollen.« Und auf die Frage: »Gibt es ein Leben nach dem Tod oder nicht?« antwortete er: »Gibt es ein Leben ›vor‹ dem Tod? Das ist die entscheidende Frage.« Nur wer hier in diesem Leben wirklich lebt, der richtet sich auf das ewige, todlose Leben ein, und in dem Augenblick, wenn er stirbt, wird er verwandelt in das große Leben – in die Unsterblichkeit.

Die Erleuchteten aller Religionen verkünden, dass das Absterben von dir selbst und allen Dingen ein radikaler, mystischer Tod ist. Aber zu diesem mystischen Tod kann nur derjenige gelangen, der voll glühender Liebe und grenzenloser Hingabe zu Gott, in ihn hineinstirbt. So wie der Wassertropfen sich von der Wolke löst und hinunterfällt in das Meer und sich darin auflöst. Und genau das will uns auch die Kreuzigung Christi sagen: Nur darum geht es, um die Auskreuzung, im Sinne von Wegstreichung, all dessen, was wir nicht sind. Das Kreuz Christi kreuzt die ganze Wahnvorstellung eines Ego-Wahngebildes – eingefangen in der Illusion von Raum und Zeit – aus.

In dem Augenblick, wenn alles restlos ausgekreuzt ist, geschieht, in der Sprache des Zen, »der Donnerschlag bei klarem, blauem Himmel«. Der Schleier der *Maya*, der die Sicht der Wahrnehmung unseres ursprünglichen wahren Seins bisher verhindert hat – Inkarnationen lang –, zerreißt von oben bis unten mitten durch und gibt das Allerheiligste, das dahinter verborgen war, frei. Das Allerheiligste ist der strahlende eine Selbst-Geist, es ist diese eine Wirklichkeit, neben der nichts anderes existiert. Der Weg dazu ist ein grenzenloses Vertrauen in die Wirklichkeit unseres wahren Seins, mit einem stetigen Hingewandtsein zum göttlichen Grund. Hieraus erwächst uns eine bewusste Klarheit, im absichtslosen Gewahrsein des Geistes – »jetzt-hier« und überall, in jeder Situation und an jedem Ort. Sei weit und offen wie der grenzenlose Himmel und sei eins mit dem, womit du gerade beschäftigt bist. Denke nicht an vorher, denke nicht an nachher. Das ist »Leben aus, durch und in Zen«.

Das wahre Leben offenbart sich nur dann, wenn wir es leben, und wir leben es nur, wenn wir uns darauf wirklich einlassen. Leben ist nur im Hier und Jetzt möglich, denn es findet im gegenwärtigen Augenblick statt. Wenn wir ein zufriedenes, glückliches Leben haben wollen, dann gibt es keinen anderen Weg als den, jeden Augenblick des täglichen Lebens in tiefer Bewusstheit zu leben. Denn der Sinn allen Lebens ist der, dass du wirklich lebst. Das Leben erleben bedeutet: Leben ist nicht gestern, Leben ist nicht morgen, Leben ist »jetzt«! Wenn du dich darauf einlässt, dann wirst du als Herr jeder Lage eins mit all den verschiedenen Umständen des Lebens. Dann ist die Sache von Leben und Tod und das Loslassen am Abgrund der Leere keine Frage mehr. Ist dieses eine Problem gelöst – das kein anderer für dich, sondern nur du selbst lösen kannst –, dann sind alle Probleme gelöst.

# 4

# Die wolkenlose Klarheit des Geistes

*Wenn erleuchtete Zen-Meister Anleitung für den spirituellen Pfad geben, geht es nur darum, den Geist zu klären, damit er an seinen Ursprung gelangt. Er ist vollständig gegenwärtig in einem jeden, doch die Menschen wenden sich aufgrund ihrer Einbildungen von diesem Grund des Geistes ab.*

ZEN-MEISTER YÜAN-WU (12. JH.)

Der chinesische Zen-Meister Yüan-wu war einer der bedeutendsten Meister des Zen. Er ist der Herausgeber und Kommentator des *Bi-Yän-Lu*, der Niederschrift von der smaragdenen Felswand, einer Sammlung von hundert *Koans*, die zu den wichtigsten Schriften der Zen-Literatur gehört. Yüan-wu sagt:

*Wenn erleuchtete Zen-Meister Anleitung für den spirituellen Pfad geben, dann geht es nur darum, den Geist zu klären, damit er an seinen Ursprung gelangt.*

In der Praxis des Zen geht es in erster Linie nur darum, den Geist zu klären, so dass wir zu unserer ursprünglichen, wolkenlosen Klarheit des Geistes gelangen. Was sind nun aber diese Wolken, die die Klarheit des Geistes verdecken? Das sind alle jene tiefverwurzelten Denkgewohnheiten und Verhaltensmuster, das ganze Erinnerungsgeflecht einer toten Vergangenheit, mit dem sich der Mensch im Allgemeinen identifiziert. Das alles hält er zu seiner Persönlichkeit solcherart zugehörig, dass er letztlich glaubt, die Gesamtsumme all dieser Erfahrungen selbst zu sein. Und nicht nur das: Er projiziert diese Konditionierungen auch noch auf die Zukunft. Er meint, da es immer so war, wird es auch immer so sein, denn anders kann er es ja nicht sehen.

Er sieht die Welt wie durch eine Schablone mit all ihren verschiedenen Symbolen. Ständig sieht er etwas, was nicht mit seiner Schablone übereinstimmt. Er dreht sie in alle Richtungen, er dreht und dreht, doch es passt einfach nicht hinein. Da gibt es für ihn, in seiner fixierten Sichtweise, dann nur zwei Möglichkeiten. Die eine Möglichkeit wäre zu sagen: »Oh, dann ist meine Schablone aber unvollständig, da fehlt mir ja etwas ganz Wesentliches.« Aber, um das zu erkennen, bedarf es schon einer gewissen höheren Einsicht. Meistens ist es jedoch so, dass das Ego mittels des Verstandes die Situation übernimmt und meint: »Es kann nicht sein.« Mit anderen Worten: Es kann nicht sein, weil es nicht sein darf. Also erkennen die Menschen nicht, dass die Schablone ihrer konditionierten Sichtweise falsch ist. Sie sind davon überzeugt, das Neue und somit Unbekannte sei falsch, und deshalb sei es nicht die Wahrheit. Da es in der Schablone ihrer geistigen Bewusstseinsverengung nicht vorhanden ist, glauben sie, dass es demzufolge auch nicht existiert.

Die meisten Menschen halten sich fest an ihren konditionierten Vorstellungen und bewegen sich nur innerhalb ihrer selbstgeschaffenen Grenzen, so dass sie all das, was über ihr begrenztes Vorstellungsvermögen hinaus geht, für unmöglich halten. Auf diese Weise projizieren sie ständig eine Ansammlung von dunklen Wolken des unterscheidenden, begrifflichen Denkens, die die grenzenlose Weite des Geistes, und somit ihr eigenes göttliches Sein überdecken. Und darum sagt Zen-Meister Yüan-wu:

> *Wenn erleuchtete Zen-Meister Anleitung für den spirituellen Pfad geben, dann geht es ihnen einzig und allein nur darum, den Geist zu klären, damit er an seinen Ursprung gelangt.*

Doch wie ist der Geist zu klären, auf dass wir zur richtigen Sichtweise und zur Erfahrung unseres wahren Seins gelangen? Die buddhistische Lehre sagt: Der Geist wird geklärt, indem wir erkennen, dass all das, dem wir so unendlich viel Wichtigkeit und Bedeutung beimessen, keine Existenz hat, kein wirkliches Sein – kein Sein aus sich selbst hat. Im *Lankavatara-Sutra*, eine der bedeutendsten heiligen Schriften des *Mahayana*-Buddhismus, lesen wir:

> Von seinen gewohnheitsmäßigen Tendenzen aufgewühlt, erscheinen dem Geist die Wahrnehmungen als real. Sie existieren jedoch nicht wirklich – sie sind selbst Geist. Sie als äußere Realität zu sehen ist falsch.

Im Buddhismus spricht man von der Auflösung aller Erscheinungen in die Leerheit. In die Leerheit auflösen bedeutet, sich der Nicht-Substantialität, und somit der Leerheit aller Erscheinungen bewusst zu werden. Aber dieses Bewusstwerden meint im Sinne des Zen viel mehr als nur eine Bewusstwerdung durch eine ausschließlich intellektuelle Erkenntnis. Es ist zum Beispiel nicht so, dass wir nur in einem Buch lesen, dass alle Dinge leer sind, und dann sagen: »Aha, wunderbar, phantastisch, jetzt weiß ich – alle Dinge sind leer.« Das nützt uns gar nichts.

Aus dem Grund praktizieren wir ja auch hier in unserem Zen-Zentrum das *Za-Zen*. Es ist die Meditations-Praxis des sich Versenkens in die Buddha-Natur, unser »ursprüngliches Angesicht vor unserer Geburt«. Dieses ursprüngliche Angesicht ist der reine, leere, unbefleckte Geist. Doch wer mit dieser Praxis beginnt, wird bald die Erfahrung machen, dass es mit dem Erleben dieser unbefleckten Reinheit des Geistes gar nicht so einfach ist. Sondern dass, je mehr er sich darauf einlassen will, um so mehr Gedanken, Vorstellungen, Begriffe und verdrängte Ängste hochkommen. Und so geschieht es manchmal, dass neue Schüler zu mir kommen und klagen: »Ich übe mich jetzt schon seit einiger Zeit in der Meditation, doch ich habe das Gefühl, dass es nicht besser wird mit meinem Denken. Ich bin während des *Za-Zen* ständig im Denken. Ich glaube, ich mache überhaupt keine Fortschritte. Ich habe eher das Gefühl, dass ich mehr denke als je zuvor.«

»Herzlichen Glückwunsch, Gratulation«, sage ich dann oft. »Jetzt können wir mit der Zen-Praxis beginnen.« Das ist nämlich der Fortschritt, dass man unter seinem Leiden leidet. Wie schon Lao-tse (6. Jh. v. Chr.) sagt: »Wer unter seinem Leiden leidet, der ist nicht krank. Doch wer unter seinem Leiden nicht leidet, der ist wirklich krank.« Meister Eckhart sagt: »Leid ist das schnellste Pferd zu Gott.« Es ist also ein wirklicher Fortschritt, dass man unter seinem Leiden leidet. Dass man unter der Verselbständigung des begrifflichen Denkens, und somit unter seinen eigenen Projektionen leidet. Dass man erlebt, wie sich das Denken verselbständigt und dass es gar nicht zu einem selbst gehört. Doch wenn man beharrlich bleibt und weiter praktiziert, wird man im Laufe der Zeit erfahren, dass sich die anfänglichen Schwierigkeiten auflösen und man immer transparenter wird. Man wird transparent zur Transzendenz, so dass das Licht des wahren Seins immer mehr durch die dunklen Nebel des unterscheidenden Denkens hindurchscheint.

Wirklichen Zen-Meistern geht es bei ihren Unterweisungen immer nur darum, den Geist des Schülers zu klären, damit er den ursprünglichen Zustand seines Geistes erfährt. Dieser reine, leere Geist ist »dein wahres Angesicht vor deiner Geburt«. Diese ursprüngliche, geburt- und todlose Wirklichkeit vor allem Sein ist stets gegenwärtig, auch wenn du sie nicht erfährst. Es ist nicht so, dass sie mal mehr und mal weniger gegenwärtig ist. Nein, sie ist immer gegenwärtig, – nur »du« bist nicht gegenwärtig. Würdest du deine ganze Energie, die du ständig sinnlos vergeudest, indem du darüber nachgrübelst, was alles ist, was gewesen war und wie und was alles sein könnte, nach innen richten, dann würdest du dein wahres Angesicht vor deiner Geburt erleben. Dann würdest du die ewig selbst-seiende Urwesenheit des göttlichen Seins als dein wahres Selbst erfahren. Mit den Worten des chinesischen Zen-Meisters Huang-po (9. Jh.):

> Würdest du endlich alles begriffliche Denken in einem Augenblick abwerfen, dann würde sich diese wunderbare Quellsubstanz manifestieren, wie die Sonne, die in der Leere aufsteigt und das ganze Weltall ohne Hindernis oder Schranken erleuchtet.

Lass alles los, was es auch sei, und lass dich mit deinem ganzen Sein – mit Körper, Atem und Geist – auf das ein, was »jetzt« ist. Hör auf zu analysieren, warum dieses und jenes so ist oder nicht so ist, und ob es so war oder nicht so war. Wenn du dich jetzt in diesem Augenblick auf den ursprünglichen Zustand deines Geistes wirklich einlässt, dann offenbart sich dir dein wahres strahlendes Selbst vor allem Sein. Du wirst erkennen, dass alle Probleme, die du jemals hattest, nur Projektionen waren – Wahnvorstellungen, ohne jede Wirklichkeit.

Alles Analysieren entspricht jenem buddhistischen Gleichnis von dem Bauern, der von der Feldarbeit zurückkommt und sieht, dass sein Haus brennt. Alle Einwohner des Dorfes sind schon herbeigeeilt, um das Feuer zu löschen. Doch der Bauer ruft: »Halt, halt, so schnell geht das aber nicht. Ich will erst einmal wissen, wie es zu dem Brand kam und ob jemand das Haus angesteckt hat? Wenn ja, wie sah er aus? War er männlich oder war er weiblich? War er groß, war er klein? Hatte er schwarze oder braune Haare? Hatte er einen

Bart oder keinen? War er alt, oder war er jung? Kam er zu Fuß, kam er auf einem Esel oder auf einem Ochsen geritten?« Und so geht das immer weiter und weiter – bis in der Zwischenzeit das Haus abgebrannt ist.

Wenn du im Da und Dort bist, versäumst du das Entscheidende des gegenwärtigen Augenblicks. Bist du in der Vergangenheit oder in der Zukunft, dann versäumst du die ständige Anwesenheit des göttlichen Seins im Augenblick des Jetzt. Denn »Gott ist das absolute Jetzt«, wie Meister Eckhart sagt. Lebst du nicht im Hier und Jetzt, dann verlierst du dich in das Da und Dort und in das Dann und Wann und wirst niemals zur Befreiung gelangen. Und so wirst du noch viele Inkarnationen lang hin- und herpendeln, von einer Wiedergeburt in die andere, und im »Schattenreich der Dämonen« dein Dasein fristen.

Was aber sind Dämonen? Dämonen sind konditionierte und somit negative Gedankenassoziationen, die sich verselbständigt haben. Du bist in bestimmten Lebenssituationen mit bestimmten Ereignissen konfrontiert und reagierst gemäß deiner eingefahrenen Verhaltensmuster. Du siehst zum Beispiel abends in der Dämmerung eine Schlange auf dem Weg liegen, springst entsetzt zurück und rennst weg. Aber schau doch mal richtig hin! Sei doch mal wirklich »jetzt-hier«, und schau hin auf die Schlange. Dann wirst du erkennen – »ach, da ist ja gar keine Schlange, da liegt ja nur ein Seil«.

Eure ganzen Konditionierungen, eure ganzen festgefahrenen Verhaltensmuster, Denkmodelle, Erinnerungen und Ängste, alle eure Pseudo-Wichtigkeiten in dieser vermeintlich vielheitlichen Welt haltet ihr für das wahre Leben, und daran klammert ihr euch fest. Doch Zen ruft euch zu: »MU!!! – Nichts, lass alles los! Befrei dich von allem, was es auch sei!« Nimm das Schwert der transzendenten Weisheit, der nicht-unterscheidenden Klarschau des Geistes, und zerschlage den gordischen Knoten des Nichtwissens mit einem Hieb. Der chinesische Zen-Meister Hsüeh-tou (11. Jh.) sagt:

> Wo das Schwert der Weisheit herniedersaust, verlieren Sonne und Mond ihr Leuchten, und Himmel und Erde verlieren ihre Farbe. Durch diese Erfahrung platzen die Wänste der Teufel, und es öffnet sich dir das Auge der transzendenten Weisheit.

Wenn wir ernsthaft gewillt sind, uns wirklich ganz auf die reine, nackte Wahrheit des Zen einzulassen und den Kreislauf von Geburt und Tod abzuschneiden, dann gibt es keinen anderen Weg, als wirklich alles loszulassen. Deshalb ruft uns Zen zu:

> Am Rande des Abgrunds, lass alles los und stirb ganz und gar; dann kehre zurück ins Leben – danach kann nichts mehr dich täuschen.

Da kann manch einer vielleicht voreilig sagen: »Ja klar, deshalb komme ich ja hierher, ich will ja loslassen und den mystischen Tod sterben.« Und so kann es passieren, dass er meint, er müsse bloß noch auf dem Meditationskissen sitzen und auf den mystischen Tod warten. Aber was ist eigentlich damit gemeint, wenn zum Beispiel Zen-Meister Yüan-wu sagt:

> Die alten Meister des Zen drängten die Menschen, sich mit ganzem Einsatz zu schulen, als stünden sie am Rande des Todes.

Damit wird ausgesagt, dass es in der Zen-Schulung darum geht, uns mit aller Kraft darum zu bemühen, uns von den Schatten des gewohnheitsmäßigen Denkens und dem ständig fließenden Strom der Gedanken zu befreien. In diesem fortschreitenden Prozess unserer geistigen Befreiung werden wir zugleich fähig, jedes gewohnheitsmäßige sich an etwas Festhalten außer Kraft zu setzen. Alle unsere Anstrengungen, uns mit unserem ganzen Sein auf dieses Ziel zu konzentrieren, ist die eigentliche Zen-Praxis. Wenn plötzlich der Strom der aufsteigenden Gedanken abbricht, wird man eindeutig erkennen, dass der Eine Geist und der eigene Geist eine einzige Wirklichkeit sind. Man wird erleben, dass unser wahres Wesen ursprünglich rein, grenzenlos, erleuchtend und vollkommen frei ist. Dann wirst du erkennen, dass alle vielheitliche Wahrnehmung nur ein Traum, und somit unwirklich ist.

Es geht also darum zu erkennen, dass alles die eine Wirklichkeit des Einen Geistes ist, neben dem nichts anderes existiert. Die Betrachtungsweise der Vielheitlichkeit erhebt sich immer nur dann, wenn das unterscheidende, begriffliche Denken sich erhebt. »Wenn die Gedanken sich erheben, dann erheben sich alle Dinge«, und somit geht die Klarschau des Geistes verloren. Denn die Gedanken sind nichts anderes als eine Aktivierung eines nicht endenden Prozesses der Hervorbringung von weiteren Gedanken. Wenn die Gedanken sich erheben, dann erheben sich auch unweigerlich alle Gefühle. Je mehr Gedanken, desto mehr Gefühle, und je mehr Gefühle, um so mehr Gedanken. Und auf einmal befindet ihr euch mitten drin in einer Situation der geistigen Verwirrung und der Anhäufung von unheimlich vielen Problemen. Doch wenn man die Sache von einer höheren Warte aus betrachtet, wird man sich ehrlich eingestehen müssen, dass in Wirklichkeit gar nichts los ist. Denn, wie mein Meister Soji Enku des öfteren sagte: »Solange ich als Zen-Meister lehre, ist mir noch nie ein Mensch begegnet, der ein Problem hat.« Er meinte damit: Du kannst kein Problem haben. Probleme sind nur Gedankenkonstruktionen, die sich verselbständigen, so dass wir eher sagen können, das Problem »hat dich«. Das problemverursachende, unterscheidende, begriffliche Denken hat sich verselbständigt und beherrscht dich.

Um dem zu entfliehen und um zum inneren Frieden zu gelangen, ziehen sich manche von der Welt zurück. Sie flüchten in ein Kloster oder in die Einsamkeit und halten das für wahres, religiöses Leben. Das mag zwar für den einen oder anderen für eine gewisse Zeit ganz sinnvoll sein. Aber alle diejenigen, die ihr ganzes Leben nur in Klöstern verbringen – und wenn sie noch so viel meditieren und ihr ganzes Leben lang nichts anderes tun als meditieren, heilige Texte rezitieren und *Mantras* singen – werden irgendwann Zen mitten im Leben praktizieren müssen, um die Verwirklichung des Geistes mitten im Leben, mitten im Feuer der Welt zu realisieren.

Wenn man all denen, die in ihrer Klosterzelle sitzen und nur noch beten und heilige Lieder singen, das alles wegnimmt und sie wieder in die Welt hinausschickt, dann kann man immer wieder erleben, dass sie dem äußeren Druck des aktiven Lebens nicht gewachsen sind und in depressive Zustände geraten. Warum ist dem so? Der Grund hierfür ist ganz eindeutig darin zu sehen, dass sie nicht im Feuer der Welt geläutert sind. Weil sie nicht inmitten all der vielfältigen Situationen des täglichen Lebens zur Unerschütterlichkeit des Geistes gelangt sind. Zen-Meister Lin-chi sagt:

> Es gibt blinde Kahlköpfe, die, nachdem sie sich sattgegessen haben, *Za-Zen* üben und sich bemühen, ihre Gedanken anzuhalten. Damit sich solche erst gar nicht bilden, fliehen sie den Lärm der Welt und suchen die Stille. Das ist jedoch eine abweichende, entartete Form des Zen.

Man muss den Weg zur Befreiung mitten in der Welt gehen. Denn wie kann einer schwimmen lernen, außer im Wasser? Wie kann einer die Welt überwinden, außer in der Welt? Der Weg hat für uns nur dann eine Bedeutung, wenn wir unseren Fuß draufsetzen und ihn wirklich gehen. Das ist aktives, lebendiges Zen, das ist der »große Zen-Weg«. Unser ursprüngliches wahres Sein, den Urzustand des Geistes mitten im Feuer der Welt zu erleben – das ist der Weg des »Feuerlotus«.

Im Zen benutzt man hier gerne das kraftvolle Bild des Feuerlotus im Gegensatz zum Wasserlotus, der nur in einem unberührten, stillen Teich wächst. So sagt zum Beispiel Zen-Meister Yoka (8. Jh.):

> Darin bewährt sich die Kraft der wahren Weisheit, dass man gerade mitten im Feuer der Welt den Weg des Zen ausübt. Diese Lotusblume, die aus dem Feuer erblüht, ist ewig unverwelklich.

Doch nun kommen wir wieder zurück zu Zen-Meister Yüan-wu. Er sagt:

> *Er ist vollständig gegenwärtig in einem jeden, doch die Menschen wenden sich aufgrund ihrer Einbildungen von diesem Grund des Geistes ab.*

Diese Einbildungen sind die eigenen Projektionen des unterscheidenden, begrifflichen Denkens – egal ob positiv oder negativ. Und da es Projektionen sind, sind sie immer unwirklich. Im Zen geht es darum, alles hinter sich zu lassen. Befreie dich von allen deinen Wahnvorstellungen, und lass dich auf die Wirklichkeit deines wahren Seins ein. Dann wirst du erleben, dass alles, was es auch sei, diese eine Wirklichkeit ist und dass du nichts davon trennen kannst. Du wirst erkennen, dass all die vielen Anwesenden hier in diesem Raum nicht eine Ansammlung von verschiedenen Wesen sind – sondern ein einziges allumfassendes Ganzes. So wie die Wellen auf der Oberfläche des Meeres nicht eine Ansammlung von verschiedenen für sich bestehenden Seinsweisen sind, sondern nur das eine Meer in der Erscheinungsweise des vermeintlich Vielheitlichen.

Der Gong, die Wände, der Altar und alles andere hier, alles ist das Eine. Auf dieses Einssein aller Wesen und Dinge gilt es, sich hier und jetzt ganz einzulassen. Nur so gelangst du in die mystische Dimension der multidimensionalen Klarschau. Diese ist die reine Wahrnehmung. Du siehst mit dem inneren Auge und hörst mit dem inneren Ohr. Zen sagt: »Mit den Augen hören und mit den Ohren sehen, das ist wahres Verstehen.« Hast du dieses wahre Verstehen, dann kannst du auch folgendes *Koan* von Zen-Meister Hakuin (18. Jh.) lösen: »Wenn ich meine zwei Hände zusammenschlage, dann ergibt das einen Ton – (Zensho schlägt die Hände zusammen. »!!!«) Doch was ist der Ton der einen Hand?«

Die höchste Wahrheit ist jenseits aller Worte, jenseits aller Begriffe, jenseits aller Vorstellungen, jenseits allen Erwägens, allen Annehmens und Verwerfens, aller Spekulationen, jenseits aller Hoffnungen und jenseits aller Befürchtungen – jenseits von allem. Und deshalb gibt es nur einen einzigen Weg, diese Wirklichkeit zu erfahren, und der ist: – (Zensho hebt seine Hand in die Höhe).

# 5

## Das Schwert des vollkommenen Gewahrseins

*Verweile jenseits der Sinneswelt, und sammle deine Kraft im Nichts.*
CHUANG-TSE (4. JH. V. CHR.)

Wenn der taoistische Meister Chuang-tse sagt, »*verweile jenseits der Sinneswelt*«, dann könnte manch einer meinen: »Nun, dann muss ich ja vor allem erst einmal die sinnlichen Wahrnehmungen innerhalb der Welt meiden. Am besten ich ziehe mich ganz von der Welt zurück und lebe nur noch in der Einsamkeit oder in der Geborgenheit eines Klosters.«

Das wäre aber völlig falsch gedacht. Es ist ein großer Irrtum zu glauben, das Verweilen jenseits der Sinneswelt würde bedeuten, man müsse die sinnliche Welt fliehen. Und wenn Chuang-tse sagt, »*sammle deine Kraft im Nichts*«, dann ist es ebenso falsch zu glauben, man müsse jetzt, steif wie ein Leichnam, täglich mehrere Stunden auf dem Meditationskissen verbringen, um die Welt auszuschalten.

Diese falsche Zen-Praxis wurde von den alten chinesischen Zen-Meistern »die Geisterhöhle des toten Nichts« genannt. Dies ist ein Ausdruck, den auch mein verstorbener Meister Soji Enku sehr gern benutzte, um den Unterschied zwischen dem wahren Zen und dem Pseudo-Zen des toten Nichts – das die Leere zur Zielvorstellung objektiviert – aufzuzeigen. Daran lag ihm so viel, dass ihm sein japanischer Meister Kosho Uchiyama, der damalige Abt des Antai-ji Klosters in Kyoto, den Namen Soji Enku gab. Soji Enku bedeutet: »Der über die Leerheit hinausgeht.«

Wenn Chuang-tse sagt, »*verweile jenseits der Sinneswelt*«, dann heißt das also keineswegs, dass man jetzt die Welt fliehen soll, sondern es bedeutet, mitten in der Welt der Sinne jenseits der Sinneswelt zu sein. Wer wirklich im Zen lebt, der lebt mitten in der Welt und bleibt doch vollkommen frei von allem. Und warum ist dem so? Weil er jenseits des unterscheidenden, begrifflichen Denkens ist. Zen-Meister Huang-po sagt:

> Wenn jede Art von Denk-Zwang zum Stillstand gebracht ist, wird auch nicht mehr die geringste Spur von Anhaftung geschaffen. Dann werden euer Geist und Körper schon in diesem Leben zu einem vollkommen befreiten Wesen gehören. Könntet ihr nur das begriffliche Denken aufgeben, dann hättet ihr alles erreicht.

Wenn geistig Suchende vom Aufgeben des begrifflichen Denkens hören, wie es hier zum Beispiel Zen-Meister Huang-po fordert, dann meinen sie oft, sie müssten jetzt das Denken unterdrücken und dürften keine Gedanken mehr zulassen. Aber das ist ein großer Irrtum und völlig absurd. Es geht hier einzig und allein um die Befreiung vom »Denk-Zwang«. Dort wo das Denken seinen praktischen Wert besitzt, ist es natürlich notwendig, sich seiner zu bedienen. Wo es sich aber verselbständigt, muss man ihm jedoch Einhalt gebieten. Solange man noch von seinem Denk-Zwang gefesselt ist, bleibt man im *Samsara* – dem Kreislauf von Geburt, Altern, Verzweiflung, Krankheit, Schmerz und Tod – gefangen. Wer glaubt, mittels des begrifflichen, dualistischen Denkens zur Erkenntnis gelangen zu können, verbaut sich selbst den Weg und macht es sich nur unnötig schwer. Deshalb sagt Zen-Meister Seng-tsan (6. Jh.):

> *Die höchste Wahrheit ist nicht schwierig,*
> *und sie lässt keine Wahl zwischen Zweierlei zu.*
> *Wenn man nicht mehr ergreift oder ablehnt,*
> *dann offenbart sie sich klar und unendlich.*

Da die Menschen aber alles mit dem Kopf machen wollen, haben sie sich den Zugang zu dieser Einfachheit selbst verbaut. Hinter jeder Antwort, die sie mittels des begrifflichen Denkens gefunden haben, erhebt sich eine neue Frage, und je mehr sie auf das Ziel zugehen, um so mehr entfernen sie sich von ihm. Wer ernstlich Erleuchtung erlangen will, der muss sich von der leidverursachenden Daseinsfessel des »Denk-Zwangs« befreien. Wer frei wird von den verselbständigten Projektionsmechanismen des unterscheidenden, begrifflichen Denkens, wird damit auch frei von den Begierden und Anhaftungen, die ihn beherrschen.

All die unkontrollierten Kräfte, die die Macht haben, uns herunterzuziehen in die dunkle, samsarische Ebene von Gier, Hass und Verblendung, können uns aber auch – wenn wir sie transformieren – emporheben in das strahlende Licht des göttlichen Seins. Das ist der Weg der »tantrischen Transformation«, der Weg der Umwandlung aller Energien. Die tantrische Praxis hierbei ist, dass wir diese Energie der Verselbständigung des Denkens nicht ablehnen und bekämpfen, sondern in der Praxis des ständigen Schauens auf den eigenen Geist umwandeln in das hellklare Selbstgewahrsein des Geistes.

Jede psychisch-physische Energie, egal in welcher Weise sie auch in Erscheinung treten mag, wandeln wir so um in spirituelle Energie. Egal auf welche Weise sich Energie auch manifestieren mag, wesentlich ist immer nur, wie wir sie transformieren. Wir können Energie auf verschiedene Art transformieren. So können wir zum Beispiel mit Elektrizität Licht erzeugen. Wir können mit der gleichen Elektrizität einen Ventilator in Bewegung setzen oder Musik aus dem Radio hören. Das sind aber nicht verschiedene Energien, sondern immer nur ein und dieselbe Energie. Ebenso sind sexuelle, schöpferische oder auch spirituelle Energie nur verschiedene Erscheinungsweisen ein und der selben Energie.

Bei allem, was hier über die Umwandlung der Energien gesagt wurde, stellt sich nun die Frage: »Wie gelangt man zu dieser Transformation?« Transformation im Sinne von *Tantra* bedeutet ein ganz bewusstes und achtsames Hineingehen in das, was du gerade tust, so dass du damit vollkommen eins bist. Dass du das, was du machst, mit solch einer Bewusstheit tust und damit vollkommen eins bist, dass dein Tun zu einer Erfahrung der allumfassenden Ganzheit des Seins wird. Auf diese Weise wird alles, jede Bewegung, die du machst, zu einer heiligen Handlung, denn die wahre Bedeutung des Wortes heilig kommt von »heil sein«, und das bedeutet ganz sein. Und so bleibt dein Geist bei allem, was du tust, frei und gelassen, so dass er von weltlichen Belangen nicht aufgewühlt wird. Du befindest dich in vollkommener Einheit mit dem Überweltlichen und umfängst zugleich den ganzen Bereich der Welt. Du bist von ihr befreit und lebst doch mitten in der Welt.

Das ist wahres Leben im Geiste des Zen. Hierbei geht es nicht um heilige Lehren, es geht nicht um irgendwelche philosophischen Systeme oder um verschiedene Meditationsmethoden. Es geht hier nur um das Eine, und dieses Eine ist das Erleben der Wirklichkeit unseres wahren Seins mitten in der Welt. Dazu ist es jedoch notwendig, dass man zum absichtslosen und somit anstrengungslosen Selbstgewahrsein des Geistes gelangt. Hierzu kommt man aber nicht, wenn man dieses Selbstgewahrsein mit dem Verstand machen will, indem man sich immer wieder sagt: »Ich muss im Gewahrsein des Geistes sein.« Dies wäre nichts anderes als eine Erwartungshaltung, und somit ein »Wollen«, was immer zu einem Spannungszustand des Körpers und des Geistes führen wird. Deshalb sagt ein alter *Mahamudra*-Text des tibetischen Buddhismus: »Spannung ist gehemmtes Wollen.« Da wo Spannung ist, dort entsteht auch immer ein ganzer Schwarm von Gedankenbewegungen, und wo die Gedanken sich erheben, da erheben sich alle Probleme. Deshalb sagt der tantrische Meister Saraha (9. Jh.):

Der von Geschäftigkeit gefesselte Geist

ist befreit, sobald du entspannst, darin besteht kein Zweifel. Sei ungekünstelt, und lass das Bewusstsein in seiner klaren unberührten Frische.
Wer den Geist manipuliert, wird nicht zur großen Befreiung des Geistes gelangen.

Bewahre eine vollkommen gelöste und entspannte Geisteshaltung bei allem, was du tust, und ebenso bei der Meditation, dem *Za-Zen*. Eine gelöste und entspannte Geisteshaltung ist und bleibt immer die Grundvoraussetzung, um zum Selbstgewahrsein des Geistes zu gelangen. Es ist grundsätzlich wichtig, den Geist nicht zu manipulieren, sondern ihn so zu lassen, wie er ist. Belasse den Geist in seiner ureigenen, wahren Natur. Jedes korrigierende Eingreifen ist falsch und führt nur zur geistigen Erschöpfung.

Während der Zen-Meditation, dem *Za-Zen,* ruhe vollkommen in dir selbst und halte dabei Körper, Atem und Geist gesammelt im *Ekagata* – dem »Eingerichtetsein auf einen Punkt«, wie es im Zen heißt. Wenn während der Meditation sich die Gedanken erheben, dann ist es jedoch falsch, sich zu ärgern und zu denken: »Mist, jetzt sitze ich hier auf dem Kissen, um zu meditieren, und es geht schon wieder los mit dem Denken.« Und dass du dann anfängst, gegen die Gedanken zu kämpfen und versuchst, sie zu unterdrücken. Wenn Gedanken auftauchen, dann betrachte das nicht als einen Fehler oder als eine Störung, sondern sei dir ihrer leeren Natur bewusst. Lass die Gedanken und die inneren Bilder vorüberziehen wie Wolken am Himmel, ohne dazu Bezug zu nehmen oder einzugreifen. Der chinesische Zen-Meister Pai-chang (8. Jh.), der Meister von Huang-po, sagt:

> Wenn dein Geist sich bewegt, so folge ihm nicht; und er wird sich von der Bewegung loslösen. Und wenn dein Geist auf irgend etwas ruht, so folge ihm nicht; und er wird sich von dem loslösen, worauf er ruht.

Viele Übende auf dem Zen-Weg sind fest davon überzeugt, *Za-Zen* bedeute, die Gedanken anzuhalten um den Geist leer zu machen und jede geistige Aktivität müsse gewaltsam unterdrückt werden. Diese häufig praktizierte entartete Form von *Za-Zen* ist jedoch eine falsche Praxis und hat mit der wahren ursprünglichen Zen-Meditation, wie sie von den alten chinesischen Zen-Meistern gepflegt wurde, nichts zu tun. Der chinesische Zen-Meister Po-shan sagt deshalb:

> Manche Menschen bemühen sich ständig, während der Zen-Meditation ihre Gedanken anzuhalten, ihren Geist zu unterdrücken und alle Dinge in die Leere zu verschmelzen. Sobald ablenkende Gedanken auftauchen, werden sie sofort verscheucht. Selbst die schwächsten gedanklichen Regungen werden sofort unterdrückt. Diese Art der Übung und des Verstehens stellt die größte Falle dar, in die Zen-Praktizierende geraten können: die Falle der toten Leere.

Solche Menschen sind lebende Tote. Sie werden abgestumpft, teilnahmslos, gefühllos und träge. Sie gleichen einfältigen Dieben, die versuchen, eine Glocke zu stehlen, indem sie sich die Ohren verstopfen.

Viele Zen-Praktizierende lassen sich täuschen und halten diese »Falle der toten Leere« allen Ernstes für das Erreichen eines höheren Versenkungszustandes. Die Folge davon ist, dass sie oft und lange in dieser Verfassung verweilen, ohne zu erkennen, wie ihr geistiges Gewahrsein immer dumpfer und träger wird, anstatt an Schärfe und Klarheit zu gewinnen. Es gibt heutzutage viele Zen-Anhänger eines einseitigen Sitzdogmatismus, die der Ansicht sind, ein trance-ähnlicher Geisteszustand völliger Gedankenleere sei die höchste Form der Verwirklichung im Zen. Dies geht sogar so weit, dass viele glauben, *Satori* – die Erleuchtung –, sei überflüssig, da ja ohnehin alle Wesen von Natur aus Buddhas sind. Nach ihrer Ansicht genügt es, so häufig und so lange wie möglich mit einwandfreier, kerzengerader Körperhaltung und gekreuzten Beinen, allen Schmerzen in den Gelenken zum Trotz, auf dem Meditationskissen zu sitzen.

Nun soll das hier Gesagte aber keinesfalls bedeuten, dass die Praxis des Sitzens in Versenkung auf dem Zen-Weg überflüssig sei, wie manche intellektuellen Vertreter eines »verkopften Hirn-Zen« glauben mögen. Es geht vielmehr darum, einzusehen, dass eine Meditationstechnik der gewaltsamen Unterdrückung des Geistes dem ursprünglichen, lebendigen Zen der alten chinesischen Zen-Meister total entgegengesetzt ist.

Kommen wir nun wieder zurück zur Meditations-Praxis. Wenn ihr *Za-Zen* praktiziert, dann sitzt aufrecht und entspannt mit gesammeltem Geist auf eurem Sitzkissen, ohne euch auf irgend etwas zu fixieren. Seid ohne jede Absicht, völlig offen. Die Körperhaltung soll sein wie die einer aufrecht stehenden Tanne, das heißt: Haltet den Oberkörper völlig gerade und verlegt den Schwerpunkt des Sitzens in den *Hara*, in den Bereich etwa drei Finger breit unterhalb des Bauchnabels. Hierbei ist es sehr wichtig, dass ihr ganz natürlich bleibt und keinerlei künstliche Spannung erzeugt. Jede übermäßige Anstrengung, jede Verkrampfung und Verspannung sollte vermieden werden.

Ob ihr auf eurem Sitzkissen in der klassischen Lotushaltung mit gekreuzten Beinen sitzt oder so, dass ein Bein locker vor dem anderen liegt, oder ob ihr im Fersensitz sitzt, ist vollkommen unwichtig. Das Wesentliche ist eine völlig unverkrampfte, gerade Körperhaltung mit entspannten Schultern und ruhig fließendem Atem.

Die richtige Atmung ist in der Zen-Meditation von größter Wichtigkeit, denn durch tiefes, ruhiges Ein- und Ausatmen wird der Geist klar wie der wolkenlose Himmel. Atmet während des *Za-Zen* so natürlich wie möglich, doch achtet darauf, dass die Ausatmung bewusst und wesentlich länger ist als die Einatmung. Seid euch der Atmung voll bewusst. Das Einatmen geschieht ganz natürlich und leicht, und bei der tiefen Ausatmung konzentriert euch auf den *Hara*, eure Mitte unterhalb des Bauchnabels. Im Zen sagt man, die Zen-Atmung sei wie das Muhen einer Kuh. Die Zen-Atmung ist vorwiegend eine Bauch- und Tiefenatmung, während die allgemein übliche Atmung eine Brustatmung ist. Die Brustatmung ist jedoch eine unnatürliche Form des Atmens. Sie ist eine Zivilisationskrankheit, die verschiedene psychisch-physische Verspannungen zur Folge haben kann. Außerdem erschwert diese nur oberflächliche Atmung den Zugang zu den tieferen Schichten des Bewusstseins.

Die richtige Atmung steht in enger Verbindung mit der richtigen Körperhaltung beim *Za-Zen*. Gleichermaßen steht die Verfassung des Geistes in engem Zusammenhang mit der Atmung. Wenn ihr im rechten Einklang mit dem Atem seid, dann vertieft sich eure Konzentration, und das Denken hört ganz von selbst auf – Körper, Atem und Geist werden eins.

Ihr dürft jedoch, wie ich schon sagte, nicht den Fehler machen, die Gedanken anhalten zu wollen. Denn das wäre auch schon wieder Denken. Wenn ihr versucht, die Gedanken anzuhalten, dann reagiert der Geist mit vermehrter gedanklicher Aktivität. Bleibt ganz entspannt und schaut direkt jeden sich erhebenden Gedanken ohne Bezugnahme an. Dadurch wird der Gedankenstrom sofort unterbrochen, und wenn ihr unabgelenkt bleibt, wird kein begriffliches Denken mehr entstehen. Doch sobald ihr abschweift, erhebt es sich wieder.

Schaut direkt auf dieses Verlangen, begrifflich zu denken, und das verselbständigte Denken wird sich von selbst auflösen. Es ist wichtig, dass ihr bei allen aufkommenden Gedanken die Lust zu denken direkt anschaut. Auf diese Weise werdet ihr in der Lage sein, blitzartig mit dem »Schwert des vollkommenen Gewahrseins des Geistes« jeden Gedankenstrom durchzuschneiden. Schaut einfach nur hin auf alles, was im Geist geschieht. Erhebt sich ein Gedanke, dann schaut in anstrengungsloser Achtsamkeit auf diesen Gedankenimpuls ohne Bezugnahme – ohne ihn zu analysieren. Denn wenn man den Gedanken analysiert, ihn betrachtet und zurückverfolgen will, wo er überhaupt herkommt, dann gibt es nie ein Ende. Der *Mahamudra*-Meister Drogön Schang sagt:

> Erinnerungen und Gedanken haben wie die Wolken am Himmel weder einen Ort, wo sie entstehen, noch einen Ort, wo sie verweilen, noch einen Ort, wo sie sich auflösen – sie sind leer und wurzellos.

Ihr könnt die Gedanken und Vorstellungen nicht bis zu ihrem Ursprung verfolgen – sie kommen immer aus dem Nichts. Ein wesentliches Wort im Taoismus und im *Chan*, dem ursprünglichen, lebendigen Zen der alten chinesischen Meister ist »Absichtslosigkeit«. Seid vollkommen absichtslos. Sowie ihr irgendeine Absicht habt, ist diese Absicht ein »Wollen«. Und da, wo ein Wollen ist, entsteht immer psychisch-physische Spannung, denn Spannung ist immer gehemmtes Wollen. Deshalb heißt es im Zen: »Sei wie ein altes Weihrauchfass in einem alten, verlassenen Dorftempel.« Verweile beim *Za-Zen* in absichtsloser Geisteshaltung, und lass deinen Atem ruhig fließen. Wenn Gedanken kommen, dann schau die Gedanken ohne Bezug zu nehmen nur an, lass sie einfach nur vorbeiziehen. Sei vollkommen desinteressiert in Bezug auf das, was im Geist geschieht, aber ohne in lethargische Trägheit zu verfallen.

In dem Augenblick, wenn den Gedanken kein Nährstoff zugeführt wird, das heißt, wenn ihnen keine Beachtung mehr geschenkt wird, lösen sie sich auf wie Schneeflocken im warmen Wasser. Dass während des *Za-Zen* Gedanken kommen, ist weder gut noch schlecht und hat weiter keine Bedeutung. Nur wenn du sie in irgendeiner Form beeinflussen willst, wenn du Bezug nimmst zu den Gedanken, dann verselbständigen sie sich, und es bilden sich Gedankenketten. Zuerst ist es nur ein einziger Gedanke, doch durch dein Bezugnehmen zu diesem einen Gedanken entsteht ein riesiger Gedankenkomplex, und ehe du dich versiehst, befindest du dich mittendrin im Karussell des Denkens.

Bei allem, was ich soeben über das absichtslose, geistige Gewahrsein und die vollkommen gelöste, entspannte Geisteshaltung sagte, besteht aber auch die große Gefahr der Fehlinterpretation. So kann es geschehen, dass man die Geistesverfassung des absichtslosen Gewahrseins mit der trägen, stumpfen Geistesverfassung des »leeren Nichts« verwechselt. Deshalb sagt der chinesische Zen-Meister Han-shan (17. Jh.):

> Was ihr tun sollt ist, dieses Gewahrsein des Geistes ergreifen wie ein Schwert. Gleichgültig, ob der Buddha kommt oder der Teufel, durchschneidet den Gedankenstrom wie ein Gewirr von Seidenfäden.
> Die immer weiterfließenden Gedanken sind ohne festen Boden und unwirklich. Niemals

darf man diese Gedankenfolgen als etwas Konkretes behandeln. Sobald sie aufsteigen: sie wahrnehmen und sofort mit dem Gewahrsein abschneiden. Aber niemals versuchen, sie zu unterdrücken. Geschehen lassen und betrachten wie einen Kürbis, der einen Fluss hinunter schwimmt.

Das Entscheidende bei dieser Meditations-Praxis sind große Beständigkeit und Ausdauer. Nehmt das »Schwert des Gewahrseins« und tötet jeden Gedanken. Wenn ihr einen Gedanken zerschlagen könnt, werden sofort auch alle anderen Gedanken verschwunden sein. Danach werdet ihr euch unendlich leicht und befreit fühlen und erfüllt von grenzenloser Freude. Es wird eine Erfahrung sein wie das Sichtbarwerden eines Weihers, von dem der Nebel sich gehoben hat.

Dieses Gewahrsein des Geistes, von dem ich hier rede, sollt ihr aber nicht nur hier in der *Dharma*-Halle während des *Za-Zen* praktizieren oder wenn ihr daheim auf dem Kissen sitzt. Gewöhnt euch daran, bei allen euren täglichen Aktivitäten im absichtslosen Gewahrsein des Geistes zu verweilen, sei es im Sitzen, Gehen, Stehen oder Liegen. Dann wird die Geisteshaltung des Nicht-Fixiertseins zu einer gewöhnlichen, ganz natürlichen Seinsweise für euch werden. Mit den Worten von Zen-Meister Yüan-wu:

> Das Leben des Menschen hat seine Wechselfälle. Es ist nicht notwendig, das Handeln abzulehnen und nur noch die Stille zu

suchen – mach dich einfach innerlich leer und bring dich in Übereinstimmung mit dem Äußeren. Dann wirst du auch im hektischen Treiben der Welt in Frieden sein.

In der Praxis des aktiven Zen ist es von außerordentlicher Wichtigkeit, das stille Sitzen in Versenkung mit aktivem Handeln zu verbinden. Es geht im Zen – zumindest in seiner lebendigen, ursprünglichen Form – darum, das im *Za-Zen* erfahrene Ruhen im inneren Seinsgrund, mitten in der Aktivität, mitten in der Welt zu leben und doch jenseits der Sinneswelt zu verweilen. Deshalb sagt Chuang-tse:

*Verweile jenseits der Sinneswelt, und sammle deine Kraft im Nichts.*

Wenn du durch die belebten Straßen einer Großstadt gehst, ist dein Geist vielen Ablenkungen ausgesetzt. Vor einem Kaufhaus preist zum Beispiel einer mit lauter Stimme sein Putzmittel an, da ist in einem Schaufenster irgend etwas Interessantes und ein weinendes Kind wird von seiner Mutter getröstet, dort bellen ein paar Hunde und dies und das und jenes. Solange ihr im absichtslosen Selbstgewahrsein des Geistes seid, ist alles wunderbar – ihr fließt mit allem mit. Aber meistens ist es so, dass ihr die Absicht habt, still im Gewahrsein verweilen zu wollen, und so verselbständigt sich auf einmal euer Denken.

Ihr nehmt Bezug zu irgend etwas, und schon entstehen eine Menge Gedanken, Vorstellungen und Gefühle.

In unserer Praxis des aktiven Zen geht es nur darum, mitten durch die äußere Welt der Ablenkungen hindurchzugehen und das Selbstgewahrsein des Geistes zu bewahren. Du nimmst etwas wahr, du schaust hin und bleibst dabei im Gewahrsein und somit in deiner Mitte. Und dann siehst du genau, wie die Tendenz entsteht, zu irgend etwas Bezug zu nehmen in Form von Annehmen und Verwerfen. Aber dadurch, dass du einfach nur hinschaust, kann das Denken sich nicht verselbständigen, und du bleibst gelöst und entspannt in heiterer Gelassenheit. Du läufst durch die Stadt und verweilst doch in deiner Mitte – du bleibst bei dir selbst: Körper, Atem und Geist und das Laufen sind eins. Sei dir stets bewusst, dass du mit jedem Schritt, den du gehst, als Buddha *Amitabha* durch das Lotusland schreitest. Wo du gehst und stehst, offenbart sich das *Sukhavati*-Paradies des grenzenlosen Lichtes in seiner ganzen Herrlichkeit. Es besteht kein Zweifel, dass dieser kraftvolle, »große Zen-Weg«, der Weg der aktiven Meditation mitten im Tumult der Welt, der sicherste und schnellste Weg ist, um zu einem ständigen Erleben der allumfassenden und alldurchdringenden Wirklichkeit des göttlichen Seins zu gelangen. Dies sagen uns auch die Worte des chinesischen Zen-Meisters Ta-hui (12. Jh.):

> Ihr müsst erkennen, dass der Tumult des *Samsara* kein Ende findet. Darum dürft ihr gerade dann, wenn ihr mit den turbulentesten Tätigkeiten beschäftigt seid, nicht auf eure Meditationssitze gehen. Jenes höchste Tun, das ihr so eifrig in der Stille geübt habt,

sollt ihr anwenden, wenn ihr in den Tumult des täglichen Lebens verstrickt seid. Wenn ihr das zu schwierig findet, bedeutet das, dass ihr noch nicht genügend aus der Arbeit in der Stille gewonnen habt.

Wenn ihr überzeugt seid, dass das Meditieren in der Stille besser ist als das Meditieren während der Tätigkeit, seid ihr in die Falle gegangen, nach der Wirklichkeit zu suchen, indem ihr die Manifestationen zerstört, oder ihr habt die Ursache eurer Verwirrung verkannt. Wenn ihr euch nach Ruhe sehnt und den Wirbel und Lärm verabscheut, ist es an der Zeit, eure ganze Kraft ins Werk zu setzen. Plötzlich wird die Verwirklichung, um die ihr so hart in euren stillen Meditationen gerungen habt, inmitten allen Lärms euch zuteil werden.

Die Zeiten der Meditation in der Stille sind eine unerlässliche Voraussetzung und Vorbereitung zur aktiven Meditation. Und ohne eine regelmäßige, ernsthafte *Za-Zen* Praxis wird niemand dahin kommen. Doch sollte man sich stets bewusst sein, dass der Sinn jeder Übung darin besteht, die Übung letztlich zu übersteigen, um zu einer Seinsverfassung jenseits aller Übung zu gelangen.

# 6

## *Tantrische Transformation*

Alles, was einen Anfang hat, unterliegt schon allein aus dem Grund, weil es einen Anfang hat, dem Gesetz der Vergänglichkeit, und somit unterliegt das menschliche Leben dem Prozess von Geburt, Altern, Verzweiflung, Krankheit, Schmerz und Tod. Es unterliegt dem fortwährenden Prozess der Wandlung: Entstehen – Vergehen, Entstehen – Vergehen.

Und so beginnen wir uns zu fragen: »Ist das wirklich alles? Irgendwo muss doch da etwas Bleibendes sein?« Und allein schon unser Verlangen nach Stabilität, nach Glückseligkeit, nach Geborgenheit ist ein ständiger Hinweis auf das Vorhandensein einer höheren Wirklichkeit. Das ist diese innere Gewissheit, dieses uns mitgegebene innere Wissen um unsere göttliche Natur. Deshalb sagt schon Aurelius Augustinus (5. Jh.): »Du, oh Gott, hast uns zu dir hin erschaffen, und deshalb ist unser Herz unruhig bis es ruht in dir.«

In dem Augenblick, wenn ein Mensch aus dem Traum des Gefangenseins in einer äußeren Erscheinungswelt aus Raum, Zeit und Substanz erwacht zu seinem wahren göttlichen Sein, strahlt die Weisheit der allwissenden Erkenntnis auf, und er weiß: »Ich bin ungeboren und unsterblich, es gibt keine Geburt, keinen Tod und auch keine Vielheit.« Aber diese Erkenntnis geschieht in solch einem Augenblick nicht als eine intellektuelle Aufeinanderfolge von Vorstellungen und

Gedanken, sondern als ein »Zugleich«. Jede dualistische, vielheitliche Betrachtungsweise ist die Betrachtungsweise von Subjekt und Objekt, von ich und du, von Annehmen und Verwerfen – mit anderen Worten: von Trennung. Und wenn wir uns getrennt fühlen von irgend etwas, was es auch sei, dann sind wir in der Vielheit und nicht mehr in der Wirklichkeit der allumfassenden Ganzheit. Denn alles ist das Eine ohne Zweites. Das ist jedoch eine Dimension, die man erst dann wirklich versteht, wenn man sich ganz darauf einlässt. Dann wird sie uns zur Erfahrung.

Natürlich ist es in gewissen Momenten – wenn man zum Beispiel im Frühling bei strahlendem Sonnenschein auf einer Bank in einem schönen Park sitzt, den Vögeln zuhört und den Schmetterlingen zuschaut – leicht zu sagen: »Wunderbar! Ich fühle mich mit allem vollkommen eins.« Das ist ja auch alles schön und gut. In der Praxis des Zen geht es jedoch darum, dieses Erleben der Einheit überall zu erfahren und nicht nur da, wo es für dein unterscheidendes Bewusstsein schön ist. Denn dieses Einssein ist dein wahres Wesen, und jede vielheitliche Wahrnehmung ist Folgeerscheinung der geistigen Verblendung deines dualistischen Bewusstseins.

Erinnern wir uns an das Bild vom Meer und seinen Wellen. Alles ist das eine Meer, und wir können auch nicht eine Welle von ihm absondern; denn die Wellen auf der Oberfläche des Meeres haben keine Existenz aus sich selbst. Das bedeutet jedoch nicht, dass sie überhaupt nicht existieren, sonst könnten wir sie ja auch nicht wahrnehmen. Die Dinge existieren. Alles, was wir wahrnehmen, existiert, aber nicht so und als das, als was wir es wahrnehmen. Es existiert nur als Erscheinung, ebenso wie eine Fata Morgana, die wir sehen. Wir können nicht sagen, dass sie nicht existiert. Die Erscheinung ist da, aber nur als Erscheinung, ohne Substanz. Ebenso ist es mit allem, was man nachts im Traum erlebt, das ist auch alles vorhanden: die Eisenbahn, mit der man fährt, das gute Essen, das vor einem steht und das so gut schmeckt. Das ist alles wirklich da. Doch plötzlich wacht man auf und erkennt: Alles war nur eine Täuschung, – ein Traum ohne jede Wirklichkeit.

Alles, was wir wahrnehmen, die ganze Welt ist nichts anderes als Form. Doch Form ist Leere und hat keine Wirklichkeit aus sich selbst. Deshalb heißt es im *Prajnaparamita-Hridaya-Sutra*, das täglich in den Zen-Klöstern rezitiert wird: »Form ist Leere, und Leere ist Form.« Alles, was du wahrnimmst, alles, was du siehst, ist nur Form und hat nicht mehr Wirklichkeit als die Zeichnung eines Hauses auf einem Blatt Papier. Du siehst zwar ein Haus, aber es ist nur eine Form, ohne Eigenexistenz. Du siehst ein Haus, aber da ist in Wirklichkeit gar kein Haus. Und so ist es mit allen Dingen, ohne Ausnahme. Dies zu verstehen ist sehr wichtig. Und wem diese geistige Grundlage fehlt, wer die Welt als substantielle Gegebenheit sieht und sich als ein von ihr getrenntes Individuum, dem fehlt die wesentliche geistige Voraussetzung zur Befreiung – nämlich die Einsicht, dass alles der Eine Geist ist.

Im Zen geht es darum, dass du zu solch einer multidimensionalen Bewusstseins-Dimension gelangst, dass du diese Wirklichkeit des Einen Geistes überall und zu jeder Zeit erfährst. Dass du nicht mit den Scheuklappen esoterischer Euphorie durch die Welt läufst und nur »geistiger Weg« und »spirituelle Verwirklichung« im Kopf hast und sagst: »Oh, in mir fühle ich eben dies und das und jenes« – und siehst vor lauter Bäumen den Wald nicht mehr. Es geht vielmehr darum, mit allem so eins zu sein, dass du erlebst, wie dir in allem und jedem die ganze Herrlichkeit des göttlichen Seins entgegenblickt. Also, lass ab von deiner falschen Betrachtungsweise, die in Wirklichkeit nichts anderes ist als eine Absonderung von der göttlichen Wirklichkeit!

Das sich Absondern von Gott wird im Sprachgebrauch der christlichen Religion als Sünde bezeichnet. Dieses Absondern bedeutet aber nicht nur, dass du dich vom Göttlichen, als »jenseitiger, transzendenter« Wirklichkeit, trennst. Das sich Absondern bedeutet vielmehr, dass du dich vom göttlichen Sein in deinem Innersten und wie es sich dir mitten in der Welt offenbart absonderst. »Alle Dinge haben das gleiche Wesen wie ich«, heißt es im Zen. Dieses »wie ich« bezieht sich jedoch nicht auf das Ego, diese Pseudo-Person, die sich so wichtig nimmt und gern alle positiven Aussagen auf sich bezieht und sagt: »Wunderbar, ich habe immer gewusst, dass ich alles bin, dass ich etwas ganz Besonderes bin.« Sondern es bezieht sich auf das »wahre« Selbst, das sich erst dann offenbart, wenn das »falsche« stirbt.

Nicht zwei, nur eins – das ist die Wirklichkeit. Nichts ist wichtig angesichts der Gegenwart des Todes. »Stirb, noch während du lebst, und sei ganz tot, und dann tu, was immer du willst, und alles ist gut, heißt es im Zen.« Dann erlebst du die ganze Welt als ein wunderbares, herrliches Offenbarwerden des göttlichen

Seins. Dann erlebst du alles in einer solchen Transparenz, dass du alle Dinge als deinen eigenen Atem erfährst, als den göttlichen Odem.

In diesem Augenblick, wenn die Wahnvorstellung eines Ego sich auflöst und du den mystischen Tod stirbst, offenbart sich dein wahres Selbst vor allem Sein. Dann erfährst du alles als ein in sich geschlossenes, allumfassendes Ganzes, das alles in sich beschlossen hält. Stell dir vor du seist eine Welle auf der Oberfläche des Meeres. Die Wellen auf der Oberfläche und das Meer sind eins. Doch sowie du zwischen dir und den anderen Wellen unterscheidest und denkst: »Das bin ich nicht, und diese eine Welle da bin ich auch nicht, und diese Schaumblasen, die da oben herumschwimmen, mit denen hab ich schon mal gar nichts zu tun«, in dem Augenblick fällst du in die Vielheit. Du siehst die Dinge nicht mehr, so wie sie sind, und nicht mehr als das, was sie sind. Und was sind die Dinge? Was sind Himmel, Sonne, Mond und Sterne, die Berge, die Bäume, die Flüsse und alle Wesen? – Ein allumfassendes Ganzes, das alles in sich beschlossen hält, ein einziges untrennbares Sein, eine einzige Wirklichkeit. Diese eine Wirklichkeit als dein innerstes wahres Sein gilt es zu erfahren – mitten in der Welt, überall und zu jeder Zeit.

Bei allem, was ich eben sagte, besteht die Gefahr, dass man denkt: »Das ist ja wunderbar, alles ist die göttliche Herrlichkeit. Warum soll ich dann überhaupt noch meditieren? Es gibt nichts zu erreichen. Was mühe ich mich dann überhaupt noch ab, wenn sowieso alles die göttliche Herrlichkeit ist, und ich diese göttliche Herrlichkeit selbst bin? Das ist ja phantastisch, das ist ja wunderbar.«

Aber – jetzt kommt das Wesentliche: Solange du nicht aus der Illusion der Vielheit heraustirbst, wirst du die allumfassende Ganzheit des Seins nicht erfahren! *Nirvana* und *Samsara* sind eins, heißt es im *Mahayana*-Buddhismus. Darum flüchte nicht nach innen, und verliere dich nicht im Außen. Halte dich nicht am Außen fest, indem du sagst: »Was brauche ich die Hinwendung nach innen, wenn alles eins ist.« Und klammere dich nicht an der inneren Stille fest, indem du sagst: »Innen nur muss ich es finden.« Sondern sei fest gegründet in deinem Inneren und sei lebendig und offen nach außen. Der chinesische Zen-Meister Mi-an (12. Jh.) sagt hierzu:

> Hast du das erreicht, so bist du wie der Drache über den Wolken, wie der Tiger in den Bergen. Überall bist du klar und in Ruhe. Überall bist du frei, zu kommen und zu gehen, wie es dir gefällt. Du kannst nun den Wind entfesseln und das Gras erzittern lassen. Du haftest nicht an Taten und sitzt auch nicht tatenlos herum.

Mit anderen Worten: »Mache das Innen zu einem Außen und das Außen zu einem Innen«, wie es im Zen heißt. Dann wirst du erleben, dass alles die eine alles erfüllende Ganzheit des Seins ist, die alles in sich beschlossen hält. Die Meditationspraxis des *Za-Zen*, des sich Versenkens in dein wahres Wesen ist ein Mittel, um dich in das Hier und Jetzt zu bringen. Wenn du *Za-Zen* praktizierst und dich mit deinem ganzen Sein darauf einlässt, wirst du im Laufe der Zeit immer mehr in deine Mitte gelangen. Dieses Ruhen in deiner Mitte, dieses Innesein bewahre auch, wenn du die Meditation beendest. Wenn du aufstehst und hinausgehst, egal was du auch machst und wo du hingehst, lass die Stille nachklingen! Das ist sehr, sehr wichtig. Dies betrifft ebenso die *Dharma*-Vorträge, die ich halte. Da rede ich nicht von Kopf zu Kopf, von meinem Hirn zu eurem Hirn, sondern – »von Herz zu Herz«. Denn da es im Zen kein Verständnis durch Worte gibt, gibt es nur eine geistige Übertragung von Herz zu Herz. *Ishin-denshin*, von meinem Herzen zu deinem Herzen, heißt es im Zen. Deshalb ist es sehr wichtig, dass ihr die Essenz meiner Worte anschließend nachklingen lasst.

Wenn man in einem Konzert die wunderbare neunte Sinfonie von Ludwig van Beethoven hört, wird man ja auch nicht gleich auf der Heimfahrt das Bedürfnis haben, das Autoradio aufzudrehen, um laute Rockmusik zu hören. Man wird vielmehr bemüht sein, die Musik aus dem Konzert nachklingen zu lassen. Ebenso solltet ihr bemüht sein, die in der Meditation erlebte Stille und Klarheit des Geistes aufrecht zu erhalten und nachklingen zu lassen. Das ist wahre Religion. Das Wort Religion leitet sich vom lateinischen Wort *religere* ab und bedeutet: sich rückverbinden mit dem Göttlichen. Damit ist gemeint, dass ihr euch ständig, immer und überall auf diese euch tragende, allgegenwärtige göttliche Wirklichkeit einlasst, und sie somit »zulasst«. Dann werdet ihr immer mehr erfahren, dass euer ganzes Leben zu einem spirituellen Leben wird, zu einem mystischen Leben mitten im Trubel der Welt. Ihr werdet keine Unterscheidung mehr machen zwischen sakralem und profanem Leben.

Viele glauben, wenn sie vom spirituellen Leben hören, dass es die Sexualität ausschließt. Dies ist jedoch ein großer Irrtum. Um das zu verstehen, ist es vor allem notwendig zu wissen, dass es nur verschiedene Erscheinungsweisen, aber keine verschiedenen Arten von Energien gibt. Das heißt, dass sexuelle und spirituelle Energie sich im eigentlichen Sinn durch nichts unterscheiden. Sexuelle Energie ist im Grunde nichts anderes als der körperliche Ausdruck universeller und somit spiritueller Energie.

Ein spirituell verwirklichter Mensch ist demzufolge auch kein feierlicher, geschlechtsloser Asket, wie die Anhänger dualistischer Glaubensvorstellungen verkünden. Denn wer die sexuelle Energie ablehnt und unterdrückt, kehrt sich damit gegen das Leben selbst und wird gemäß der tantrischen Wahrheit niemals im Stande sein, zu einer höheren, allumfassenden spirituellen Verwirklichung zu gelangen. Wer seine Sexualität unterdrückt, erreicht damit nur, dass sie in ihm selbst rotiert, ohne ein Ventil zu finden, und schließlich auf irgendeine entartete Weise zum Ausdruck kommen wird.

Die heutzutage in unserer Welt vorherrschende Besessenheit, diese Gier nach Sex, ist nicht darauf zurückzuführen, dass die Menschen in unserer Zeit sexueller sind als es früher der Fall war. Die Ursache ist vielmehr darin zu suchen, dass sie sich immer mehr von der Urquelle allen Lebens entfernt haben. Dies hat zur Folge, dass sie sich immer mehr im Oberflächlichen verlieren und ihr sinnentleertes Dasein mit oberflächlichen schnellen Disco-, Sex- und Drogenerlebnissen auszugleichen bemüht sind. Auf dem tantrischen Weg der Transformation, dem Weg der Umwandlung der Energien geht es jedoch darum, dass ihr lernt, eure sexuelle Energie zu nutzen und sie in spirituelle Energie umzuwandeln. Dann werdet ihr, wenn ihr in der sexuellen Vereinigung seid, keine Unterscheidung mehr machen und denken: »Jetzt bin ich sexuell, vorhin während der Meditation war ich spirituell.« Eure Aufmerksamkeit soll während der sexuellen Vereinigung nicht geteilt sein. Vergesst euch, versinkt völlig in der sinnlichen Erfahrung. Denn nichts anderes auf der Welt, was es auch sei, ist in diesem Moment wichtig. Seid ganz da, und vergesst, dass eine Welt außerhalb eurer Zweisamkeit existiert. Gebt euch ganz hinein und löst euch in dem anderen auf – vergesst euch!

Solch eine erhöhte sinnliche Erfahrung beruhigt das Fließen der Gedanken, und je ruhiger der Gedankenfluss wird, desto länger und intensiver ist das Erlebnis von Glücksgefühl. Das Erleben von Glücksgefühl in der normalen sexuellen Vereinigung ist, wenn überhaupt, enttäuschend kurz und beschränkt sich oft nur auf einen kurzen Moment des Orgasmus. Im tantrischen Liebesakt kann diese Erfahrung jedoch auf einen längeren Zeitraum, sogar bis auf Stunden ausgedehnt werden. Was vorher nur ein kurzer, vorübergehender Gefühlskitzel war, wird so zu einer tiefgreifenden Erfahrung von großer Intensität und tiefer Ruhe.

Hierdurch aktiviert sich ein hohes Maß an spiritueller Energie, so dass euch der Liebesakt auf eine höhere Ebene des mystischen Bewusstseins erhebt. Das Wesentliche hierbei ist, wirklich vollkommen im gegenwärtigen Augenblick des Hier und Jetzt aufzugehen, wenn euch die sexuelle Vereinigung über die nur körperlichen Freuden hinausführen soll. Dann wird für euch der Liebesakt zu einem gemeinsamen Betreten einer wunderbaren, höheren Dimension.

Je weiter ihr auf eurem geistigen Weg fortschreitet, desto mehr werdet ihr fähig sein, während der sexuellen Vereinigung und in allen anderen Situationen des Lebens ganz entspannt im gegenwärtigen Moment aufzugehen. Und indem ihr euch so dem Ewigen überlasst, werden Raum, Zeit und Orgasmus ihre Wichtigkeit verlieren, so dass der ganze Liebesakt zur Meditation wird. Die Vereinigung von Mann und Frau ist im Allgemeinen die Verbindung zweier Körper, doch wenn die sexuelle Vereinigung im tantrischen Liebesakt zur Meditation wird, findet die Vereinigung zweier Seelen statt.

Überall, wo Vielheit ist, ist Nichtwissen. Im Zen geht es darum, dass ihr alles als das Eine erlebt, indem ihr euch mit eurem ganzen Sein auf das Hier und Jetzt einlasst. Wenn ihr euch solcherart auf das Sein einlasst, dann werdet ihr zueinander sagen können: »Du bist ich, und ich bin du; in unserem Selbst umfangen wir das All.« Es geht also darum, dass ihr euch bemüht, euer ganzes Leben zu einem spirituellen Leben zu machen, und dass ihr die Wirklichkeit des Einen Geistes als das tragende Fundament erkennt, von dem ausgehend ihr alles tun könnt, ohne aus eurer Mitte zu fallen. Denn wenn ihr dieses Fundament habt und darin verankert seid, dann fallt ihr nicht mehr heraus aus der Wirklichkeit. Das ist der entscheidende Faktor: dass du mitten in der Welt lebst und das Leben erlebst und dabei in deinem wahren Sein, in der allumfassenden Ganzheit des Seins ruhst. Dann offenbart sich die göttliche Herrlichkeit überall und zu jeder Zeit. Du musst dich nur darauf einlassen. Darum ist es wichtig, dass du dich loslässt und dich auf das, was du gerade tust, ganz einlässt, so dass du mit den Dingen im Einklang stehst. So gelangst du immer mehr zur multidimensionalen, allumfassenden Schau, in der du alles als ein Zugleich siehst und dir bewusst wirst: Alles ist das Eine.

Das ist dein wahres Angesicht vor deiner Geburt. Es ist stets da, stets gegenwärtig. Für dich ist es jedoch nur dann erfahrbar, wenn du im Hier und Jetzt bist. Die Wirklichkeit ist »jetzt«, doch bist du im Dann und Wann, dann bist du in der Vielheit. Wenn du aber jetzt wirklich ganz da bist, dann stirbst du hinein in den göttlichen Grund, und alles ist gut, so wie es ist. Alles offenbart sich dann als die allumfassende göttliche Herrlichkeit. Diese Dimension könnt ihr jedoch nicht erfahren, wenn ihr auf eurer Suche nach der großen Erleuchtung blind seid für die Wirklichkeit, die sich in diesem Augenblick »jetzt« offenbart. Denn gerade eure Suche nach Erleuchtung verhindert, dass ihr die Wirklichkeit, so wie sie ist, erleben könnt.

Eure Erleuchtungsjagd hält euch davon ab, das was »jetzt-hier« in diesem Moment geschieht, zu erfahren. In eurer ständigen Erwartung, dass eines Tages das wundervolle Erwachen geschieht, versäumt ihr das Notwendige für den gegenwärtigen Augenblick. Auf diese Weise versinkt ihr immer mehr im Leidensmeer des *Samsara* und merkt gar nicht, dass ihr gerade durch euer Suchen euch immer mehr von der Wahrheit entfernt und so eure Leiden vermehrt. Ihr hofft ständig darauf, irgendwann dieses Eine zu finden, das alles Leiden beenden wird. Doch ich sage euch: Es ist genau umgekehrt. Ihr müsst zuallererst euer Suchen aufgeben. Mit den Worten Meister Eckharts: »Die Menschen sollen aufhören, Gott zu suchen. Vielmehr sollen sie leer werden und sich von Gott finden lassen.« Hört auf zu suchen, und lasst euch auf die absolute Realität, die Wirklichkeit des Hier und Jetzt ein! Der chinesische Zen-Meister Yüan-wu (12. Jh.) sagt:

> Wenn du die unmittelbare Erfahrung des Zen wünschst, so suche sie vor allem nicht. Was durch Suchen erlangt wird, ist schon durch das Denken verunreinigt. Der große Schatz des Zen liegt offen und klar vor dir und ist schon immer die Quelle deines Lebens gewesen.
> Erst wenn du den Umtrieben deines Denkens Einhalt gebietest und den Punkt erreichst, wo alle Dinge ungeboren sind, brichst du durch zur Freiheit. Du versinkst nicht mehr in Gefühlen, du verweilst nicht mehr bei Begriffen, sondern transzendierst alles ganz und gar. Dann ist Zen überall in der Welt überdeutlich gegenwärtig, und die Gesamtheit aller Dinge verwandelt sich in sein großes Wirken.

# 7

# *Hindernisse auf dem Weg zur Erleuchtung*

> *Wenn Menschen sich eifrig im Zen schulen, aber ihr wahres Wesen trotzdem nicht erschauen können, kann das an mancherlei Hindernissen liegen. Es kann sein, dass sie im tiefen Morast der Zen-Sprüche stecken bleiben. Es kann sein, dass sie wie erstarrt in einer Sphäre staunenswerter Wunderdinge festsitzen. Es kann sein, dass es an der leeren Nicht-Form liegt. Es kann daran liegen, dass man immer nur Zen oder Buddhismus im Sinn hat. Es kann auch daran liegen, dass man sich um der Erleuchtung willen über die Verblendung hinwegsetzen möchte.*
> ZEN-MEISTER MI-AN (12. JH.)

Viele Menschen, die sich ernsthaft auf dem geistigen Weg bemühen und wirklich guten Willens sind, können trotz eifrigem Bemühen nicht zur Verwirklichung ihres wahren Seins gelangen. Bei ihrer spirituellen Praxis stoßen sie immer wieder auf viele Hindernisse, die der chinesische Zen-Meister Mi-an hier aufführt:

> *Es kann sein, dass sie im tiefen Morast der Zen-Sprüche steckenbleiben.*

Das ist gerade im Zen eine große Gefahr, weil Zen

keine Philosophie und kein religiöses Dogma lehrt, an dem man sich festhalten könnte, sondern lediglich immer nur auf »das Eine« verweist. So besteht die große Gefahr, dass der Schüler des Zen sich an den Aussagen großer Meister festklammert und jetzt die Kenntnis dieser Aussagen mit dem tieferen Verständnis des Gesagten verwechselt. Er meint, weil er die Aussagen der alten Meister kennt und in gewissen Situationen auch irgendwelche geheimnisvollen Zen-Sprüche von sich geben kann, hätte er schon ein wirkliches Zen-Verständnis erlangt.

Auf diese Weise geschieht es dann, dass ein Zen-Schüler in Situationen, in denen es notwendig wäre, loszulassen oder sich auf eine Sache ganz einzulassen, sich stattdessen an irgendwelchen Zen-Floskeln festklammert. Dann verkündet er mit dem Unterton eines Wissenden: »Es gibt nichts zu erreichen, alles ist schon wesenhaft in mir. Es gibt auch keine äußere Welt, alles ist nur Erscheinung. Geburt und Tod gibt es auch nicht, und demzufolge gibt es auch kein sich Ausrichten auf eine Befreiung.« Und das ist – wie Zen-Meister Mi-an sagt – der »Morast«, in dem der Zen-Schüler stecken bleibt. Meister Mi-an sagt weiter:

*Es kann sein, dass sie wie erstarrt in einer*
*Sphäre staunenswerter Wunderdinge festsitzen.*

Es kann geschehen, dass man während der Meditation wunderbare Dinge erlebt und die herrlichsten Visionen hat und sich dann sagt: »Das ist es.« Aber das ist es eben nicht. Das hat mit echter spiritueller Erfahrung nichts, aber auch wirklich gar nichts zu tun. Wenn ein Mensch in seiner *Za-Zen* Praxis *Makyos,* das heißt Visionen und sonstige Phänomene erlebt, dann ist das zwar ein Hinweis auf einen geistigen Transformationsprozess, denn der Geist klärt sich, und dadurch geschehen dann solche Dinge. Aber sowie man sich an solche Erlebnisse festklammert, in dem Augenblick werden sie zu gefährlichen Fallgruben, die einen weiteren Fortschritt auf dem geistigen Weg verhindern. Man muss alles übersteigen, was es auch sei. Das Wesentliche ist, dass man zu einer solchen Bewusstseinsverfassung der Unerschütterlichkeit kommt, dass man die in der Zen-Meditation gewonnene geistige Stabilität, auch bei besonders ablenkenden äußeren Umständen, aufrecht zu halten vermag. Hierbei gelangt man zu einer Fortführung der Zen-Übung bei allen gewöhnlichen Verrichtungen des täglichen Lebens. Und so weilen wir in jeder Situation des Lebens in dieser gelösten, entspannten Haltung der Unerschütterlichkeit des Geistes.

Diese Bewusstseinsverfassung ist vor allem auch im Augenblick des Sterbens von ausschlaggebender Bedeutung. Derjenige, der in der Unerschütterlichkeit des Geistes steht, der wird auch im *Bardo,* dem Zwischenzustand zwischen Tod und Wiedergeburt, wenn die karmischen Projektionen sich erheben, die trügerische Natur aller Erscheinungen durchschauen. Er wird in allen Situationen den Gleichmut des Geistes bewahren.

Die Verwirklichung von Gleichmut ist eines der wesentlichen Elemente der spirituellen Praxis des Buddhismus. Aber die Geistesverfassung von Gleichmut wird von vielen allzu schnell als Gleichgültigkeit missverstanden. Doch Gleichgültigkeit ist ein Zustand gelähmter Lethargie des Geistes und verstärkt nur den Ego-Wahn, denn sie ist immer Folgeerscheinung des Nichtwissens. Gleichmut hingegen bedeutet, dass du in allen Situationen des täglichen Lebens in der Unerschütterlichkeit des Geistes stehst. Das heißt, dass du dich mitten im Trubel des alltäglichen Lebens auf alle Veränderungen einstellen kannst, der Situation gemäß handelst und dabei gelassen bleibst. Gleichmut, im Gegensatz zur Gleichgültigkeit, heißt aber auch, dass du aus deiner Erkenntnis der Allverbundenheit mit allen Wesen, im allumfassenden Mitleid mitten in der Welt lebst und stets bereit bist, anderen zur Befreiung zu verhelfen. Das allumfassende Mitleid ist überhaupt die Grundvoraussetzung für spirituellen Fortschritt.

Es gibt viele Menschen, die vom geistigen Weg hören und sich dann damit auseinandersetzen. Sie lesen spirituelle Bücher und praktizieren alles Mögliche. Und dann hören sie vom Zen, dem direkten Weg zur Erleuchtung ohne alles überflüssige Drum und Dran, und sagen: »Das ist es. Das ist der wahre Weg, nur noch das und sonst nichts.« Dann sitzen sie so häufig und lang wie möglich auf dem Meditationskissen und bemühen sich ihren Geist leer zu machen, indem sie versuchen alles Denken auszuschalten. Zen nennt dies: »Haften am schweigenden Stillsitzen«. Hierzu sagt der chinesische Zen-Meister Lin-chi (9. Jh.):

> Wenn ich sage, es gebe außen nichts, so meinen Schüler des Zen, die mich nicht verstehen, das Innere sei gemeint. Also sitzen

sie still und stumm und meinen, das sei Zen. Das ist ein großer Irrtum. Wenn ihr meint, ein Zustand unbewegter Stille sei Zen, so erkennt ihr die Unwissenheit als euren Sklaventreiber an.

Wer auf diese Weise praktiziert, gelangt nur in einen dumpfen, trägen Geisteszustand, der im Buddhismus *Manolaya* genannt wird. Viele Zen-Anhänger sind ernsthaft davon überzeugt, dass dies der wahre Weg zur Erleuchtung sei.

Einer der zentralen Gedanken des *Mahayana*-Buddhismus ist *Bodhichitta*, der »Erleuchtungsgeist«. *Bodhichitta* heißt Streben nach Erleuchtung zum Wohle aller Lebewesen. Solange ein Mensch nur die Erleuchtung für sich alleine anstrebt und denkt: »Ich will Erleuchtung erlangen und die Welt hinter mir lassen, ich will mit den Menschen und ihrem Nichtwissen nichts mehr zu tun haben« – solange einer so denkt, wird er niemals Erleuchtung erlangen. Er kann sich noch so viele Millionen von Inkarnationen lang ernsthaft auf dem geistigen Weg bemühen, doch die Erleuchtung wird er nicht erfahren. Denn der Durchbruch zu diesem befreienden Erwachen setzt die tiefgreifende Einsicht des nicht Getrenntseins von allen Wesen voraus. Dies erfordert von dem geistig Suchenden eine geistige Grundhaltung, die sich ohne jede Begrenzung dem Leben in seiner Universalität öffnet. Solch ein ganzheitliches Offensein beinhaltet ein inneres Mitgefühl für das Leid und die Qual aller leidenden Wesen.

Aus dieser Geisteshaltung mit dem Erleben von Wesensgleichheit resultiert dann der Wunsch, Erleuchtung zu erlangen, um allen Wesen zur Befreiung zu verhelfen. Denn erst in dem Moment, wenn man selbst befreit ist, wird man auch anderen zur Befreiung verhelfen können. In der Sprache des Zen heißt dies: »Ein Donnerschlag bei klarem blauem Himmel. Alle Wesen auf Erden haben ihre Augen geöffnet.« Denn in dem Augenblick, wenn du erwachst, erkennst du, dass alle Wesen von jeher Buddhas sind, ohne es zu wissen. Wenn du erwachst aus deinem *Samsara*-Traum einer dreidimensionalen Welt in Raum und Zeit, in dem sich eine Unzahl von Lebewesen befinden und leiden, erkennst du, dass im Grunde ihres Seins alle Wesen ohne Leid sind. Also ist *Bodhichitta* der Wunsch, Erleuchtung zu erlangen, um somit den ganzen Spuk einer dreidimensionalen, vielheitlichen Welt in die Leerheit aufzulösen.

Wer das nicht versteht und nur die enge, begrenzte, dualistische Betrachtungsweise von der »Welt als Objekt« hat und sich als ein gesondertes Ich versteht, das von dieser Welt, von dieser objektiven Gegebenheit befreit werden möchte, der verfestigt dadurch immer mehr die Illusion einer äußeren Erscheinungswelt. Und je mehr er versucht, dagegen zu kämpfen, desto mehr stabilisiert sie sich.

Weil dem so ist, gibt es nur einen einzigen Weg der Befreiung, den alle Buddhas, das heißt – alle Erleuchteten gegangen sind. Dieser Weg ist: das Heraussterben aus der Illusion von Subjekt und Objekt, aus der Illusion einer äußeren Erscheinungswelt und der Wahnvorstellung eines Ichs. Denn in dem Augenblick, wenn wir den »mystischen Tod« sterben, offenbart sich, dass alles

Ich und Du und die äußere Erscheinungswelt nichts anderes war als ein Traum.

Doch durch das Nicht-Erkennen der Leerheit aller Erscheinungen geschehen Projektionen auf der Oberfläche des Bewusstseins. Das Bewusstsein identifiziert sich mit diesen Projektionen, und so erhebt sich das Verlangen zum Ergreifen. Ergreifen heißt Habenwollen, und das beinhaltet gleichzeitig auch die Tendenz des Ablehnens. All das ist Ergreifen. Denn die Tendenz des Ablehnens erhebt sich nur aus dem Wunsch, einen anderen Zustand oder einen anderen Formbereich haben und somit ergreifen zu wollen. In der buddhistischen Lehre wird dieser Prozess *Ahamkara* genannt. Dieser *Ahamkara*-Prozess ist der Prozess der Ego-Aktivierung. Darum heißt das Sanskritwort *Ahamkara*: Ego-Macher und gleichzeitig Ergreifer.

Im Buddhismus werden die Daseinsfaktoren der menschlichen Persönlichkeit in fünf Gruppen, die sogenannten *Skandhas* aufgeteilt. Diese werden in der Reihenfolge abnehmender Dichtigkeit aufgezählt: Körperlichkeit, Empfindungen, Wahrnehmungen, Geistesregungen und Bewusstseinsformationen. Es sind die den Persönlichkeitswahn bildenden einzelnen Bestandteile. Diese *Skandhas* werden im Allgemeinen von den meisten jedoch nur auf die Persönlichkeit bezogen. Aber die *Skandhas* beziehen sich in Wirklichkeit, das heißt im tieferen Verständnis, auf den gesamten Erfahrungsbereich des *Samsara*, und somit auch auf die fünf Elemente.

Dies bedeutet: Körperlichkeit, Empfindungen, Wahrnehmungen, Geistesregungen und Bewusstsein entsprechen Erde (das Feste), Wasser (das Flüssige), Feuer (das Hitzige), Luft (das Bewegende) und Äther (der Raum).

Alle diese fünf Elemente sind Dimensionen der Wahrnehmung. Sie sind in Wirklichkeit nichts anderes als »rein mentale« Bewusstseinseindrücke, durch die die Illusion einer äußeren Erscheinungswelt hervorgerufen wird. Das heißt, diese mentalen Bewusstseinseindrücke sind Vorausbedingungen, durch die wir überhaupt erst die Illusion einer äußeren Erscheinungswelt wahrnehmen können. Aber all das ist nur ein mentaler Prozess, der sich ständig immer wieder aktiviert und auf diese Weise dieses ganze Traumgebilde der *Maya*, der »großen Illusion«, hervorruft.

Wir können noch so viel gegen die einzelnen Erscheinungsweisen dieser Illusion kämpfen, doch das nützt uns gar nichts. Auch wenn einer tausend Therapien machen würde und alle möglichen psychologischen Methoden studierte, wie man mit den verschiedenen Situationen des täglichen Lebens umgeht, letzten Endes bedeutet es doch nur – Öl ins Feuer gießen.

Es gibt letztlich nur einen einzigen Weg zur Befreiung, und dieser Weg ist – aufwachen! Es gibt keinen anderen Weg. Du kannst in deiner Traumwelt versuchen noch so viele Dämonen, das heißt »negative Gedankenassoziationen« mittels psychologischer Methoden aufzulösen, doch es werden immer noch mehr neue auftauchen. Also gibt es nur einen einzigen Weg zur Befreiung, und der ist »aufwachen!« Doch aufwachen kannst du nur durch die Verwirklichung der geistigen Klarschau, das heißt: Du kannst nur aufwachen, indem du erkennst, dass diese ganze äußere Erscheinungswelt, in der du lebst, nichts weiter ist als eine große Illusion – dass sie nur Form ist ohne Substanz und dass sie kein Sein aus sich selbst hat.

Die Welt ist einfach nur Form, und somit leer. Ich kann zum Beispiel die Umrisse von einem Haus auf ein Blatt Papier zeichnen, und jeder kann erkennen, dass da ein Haus ist. Es ist aber nur eine Form. Da ist kein Haus. Ebenso ist es auch mit einem Film, der auf eine Kinoleinwand projiziert wird. Du siehst alle möglichen Dinge und Lebewesen so wirklich, dass du dich ganz mit dem Geschehen identifizierst und gefühlsmäßig darauf reagierst. Und dabei ist in Wirklichkeit überhaupt gar nichts los. Alles ist nur Form und vollkommen leer. Alle diese verschiedenen Formen unterscheiden sich letzten Endes nur durch die verschiedenen Hell-Dunkel-Werte, und diese wiederum sind nichts anderes als Erscheinungsweisen von Licht. Alles ist Licht, das heißt, alles ist ein Spektrum von Farben, und Farbe ist nichts anderes als Licht. Die erste Erscheinungsweise des Geistes ist Licht.

Und so geht es darum, dass ihr im Traum des *Samsara* alle Erscheinungen als das erkennt, was sie letztlich sind, nämlich »Geist«. Der Wahrnehmende, das Wahrgenommene und ebenso der Wahrnehmungsprozess, alles ist der Eine Geist. So wie das Meer und die Wellen auf der Oberfläche des Meeres ein einziges Meer sind. Es geht im Zen darum, die Dinge so zu sehen wie sie sind. Dann wird man erkennen, dass alles nur eine Projektion des Geistes ist. Stellen wir uns vor, wir träumen, dass ein schreckliches Ungeheuer vor uns steht und uns töten will, doch plötzlich werden wir uns bewusst: Es ist nur eine Projektion des Geistes, es ist alles nur Vorstellung – in dem Augenblick löst sich der ganze Spuk auf. Wenn wir die Dinge klar sehen, in dem Augenblick können wir sie auflösen in die Leerheit. Und nichts gibt es mehr zu fürchten. Kehren wir nun wieder zurück zu Meister Mi-an. Er sagt weiter:

> *Dass man trotz eifrigen Bemühens sein wahres Wesen nicht zu erschauen vermag, kann auch an der leeren Nicht-Form liegen.*

Viele Zen-Übende klammern sich in ihrem Bestreben, die Erleuchtung zu erlangen an der leeren Nicht-Form, an der Leerheit fest. Dies geschieht, indem sie einfach nur stocksteif auf ihrem Meditationskissen sitzen, in dem krampfhaften Bemühen, ihren Geist leer zu machen. In dieser gewaltsamen Anstrengung, Körper und Geist zu kontrollieren und aufsteigende Gedanken zu unterdrücken, entfernen sie sich aber von der wahren Zen-Praxis der alten chinesischen Meister. Sie hängen fest an ihrer Vorstellung von Leerheit und können sich nicht mehr davon loslösen. So, wie der Mönch, der zu dem alten Zen-Meister Joshu kommt und voller Stolz verkündet:

> »Schau, Meister, ich habe alles losgelassen (das heißt, in die Leerheit aufgelöst). Was sagst du dazu?« Joshu antwortet ihm: »Gut, dann wirf es weg!« Da fragt der Mönch völlig verdutzt: »Aber Meister, ich habe dir

doch eben gesagt, dass ich alles losgelassen habe. Was soll ich denn jetzt noch wegwerfen?« Darauf sagt Joshu: »Wenn dem so ist, dann musst du es halt weitertragen.«

Der Mönch war ernsthaft davon überzeugt, wirklich alles losgelassen zu haben. Und so geht er zu seinem Meister in der Hoffnung, dass dieser ihm diese wunderbare Verwirklichung bestätigt. Doch Joshu hatte sofort erkannt, dass der Mönch das Loslassen objektiviert hatte und sich jetzt an der Vorstellung des Losgelassen-Habens festklammerte. Erst wenn wir uns von allen Vorstellungen und Gedanken an ein Loslassen befreit haben, können wir zur Wirklichkeit des Einen Geistes erwachen. Unser Loslassen muss zu einem Vergessen unserer selbst und aller Dinge werden. Man muss alles vergessen: Buddha, Erleuchtung, *Dharma*, Zen oder was es auch immer sei. Alle diese Begriffe sind nichts weiter als leere Worthülsen ohne wirklichen Wert. Solange wir noch an Worten festhängen, können wir niemals zu einer unmittelbaren Erfahrung unseres wahren Wesens gelangen.

*Dass man trotz eifrigen Bemühens sein wahres Wesen nicht zu erschauen vermag, kann aber auch daran liegen, dass man immer nur Zen oder Buddhismus im Sinn hat.*

Mit anderen Worten: Es kann sein, dass man immer nur von der Scholastik, der buddhistischen Philosophie ausgeht oder dass man immer nur die Aussprüche der alten Meister im Kopf hat und vor lauter *Mondos* und *Koans* nicht mehr ein noch aus weiß. Aber im Zen geht es darum, alles zu übersteigen und auf die Essenz zu kommen, nur darum geht es.

*Es kann aber auch daran liegen, dass man sich um der Erleuchtung willen über die Verblendung hinwegsetzen möchte.*

Viele haben nur noch die Erleuchtung im Kopf. Sie wollen die Erleuchtung erlangen, um dadurch der Welt zu entfliehen. Sie sitzen nur noch steif auf dem Meditationskissen, um die Welt auszuschalten. Der chinesische Zen-Meister Ying-an (12. Jh.) sagt hierzu:

> Es gibt Menschen, die an der dumpfen Stille haften und von nichts Notiz nehmen. Nachdem sie die Speisen der Mönchsgemeinschaft zu sich genommen haben, sitzen sie wie tot da und warten auf die Erleuchtung. Solche Menschen sind wie Tonklumpen in windschiefen Hütten tief in den Bergen und Wüsten. Sie mögen sich einbilden, sie seien buddhistische Meister von unwandelbarer Weisheit, doch sie verbrauchen einfach nur die Almosen der Gläubigen.

In der Praxis des *Chan*, dem ursprünglichen, chinesischen Zen, geht es darum, die Welt der Verblendung so anzunehmen, wie sie ist. Es geht darum, dass wir nicht die Welt fliehen, sondern dass wir das, was wir in der Stille geübt haben, mitten in den Anforderungen des Alltags verwirklichen. Dazu sagt der chinesische Zen-Meister Ta-hui (12. Jh.):

> Jenes höchste Tun, das ihr so eifrig in der Stille geübt habt, sollt ihr anwenden, wenn ihr in den Tumult des täglichen Lebens verstrickt seid. Wenn ihr das zu schwierig findet, bedeutet das, dass ihr noch nicht genügend aus der Arbeit in der Stille gewonnen habt.
>
> Wenn ihr überzeugt seid, dass das Meditieren in der Stille besser ist als das Meditieren während der Tätigkeit, seid ihr in die Falle gegangen, nach der Wirklichkeit zu suchen, indem ihr die Manifestationen zerstört, oder ihr habt die Ursache eurer Verwirrung verkannt. Wenn ihr euch nach Ruhe sehnt und den Wirbel und Lärm verabscheut, ist es an der Zeit, eure ganze Kraft ins Werk zu setzen. Plötzlich wird die Verwirklichung, um die ihr so hart in euren stillen Meditationen gerungen habt, inmitten allen Lärms euch zuteil werden.

Diese lebendige Zen-Praxis mitten in der Welt ist der »alltägliche Zen-Weg« – der Weg der Auflösung aller Gegensätze. Es ist »der Zen-Weg der großen Befreiung mitten in der Welt«. Deshalb heißt es im *Mahayana*-Buddhismus: *Nirvana* ist *Samsara*, und *Samsara* ist *Nirvana*. Doch diese Aussage ist vollkommen ohne Wert und nützt gar nichts, wenn man sie nur im Kopf hat oder darüber liest und dann sagt: »Tatsächlich, so ist es.« Das bringt uns nicht weiter. Das hat nicht den geringsten Wert, wenn wir es nicht selbst erfahren. Es geht hier nicht um irgendein fadenscheiniges Lippenbekenntnis, so wie es bei manchen religiösen Institutionen der Brauch ist, bei denen man sich einfach nur zu einer Glaubensformel bekennt und schon hat man seinen Anteil an der Erlösung. Das wäre genauso, als wenn du jetzt sagen würdest: »Oh, ich habe so einen großen Hunger, mir knurrt schon der Magen.« Und ich sage: »Ich habe draußen im Kühlschrank eine Menge Wurst und Käse, und frisches Brot ist auch da. Glaubst du daran?« Und du sagst: »Ja.« Dann sage ich: »Gut, dann bist du von deinem Hunger erlöst.« Ja, das käme ganz genau auf das gleiche raus. Genauso ist es bei den veräußerlichten, dogmatischen Religionsformen, weil es nur um diesen äußeren Glauben, um dieses Lippenbekenntnis geht. Du glaubst an das Dogma, und schon wirst du erlöst. Wunderbar!

Der Buddhismus ist ein Weg der Praxis, und Zen macht mit diesem Weg der Praxis wirklich radikal ernst. Im südlichen Buddhismus des kleinen Fahrzeugs (*Hinayana*) praktiziert man die Geistesübung des *Satipatthana*, das bedeutet wörtlich: »Vergegenwärtigung der Achtsamkeit«. Die Übung besteht darin, die Achtsamkeit der Reihe nach auf Körper, Empfindungen, den Geist und die Geistesobjekte zu richten. Sie ist eine gute Übung von praktischem Wert und eine nützliche Vorbereitung zur höheren Meditationspraxis.

Doch Zen hält nicht an dieser Vergegenwärtigung der

Achtsamkeit fest. Vielmehr wird diese Achtsamkeit in der Praxis des Zen zu einem ununterbrochenen, absichtslosen und objektfreien Gewahrsein des erleuchteten Selbst-Geistes. Der Geist in seiner wahren Natur ist reines Selbstgewahrsein, und wer aus, in und durch dieses Selbstgewahrsein lebt, dem hat sich sein ganzes Sein gewandelt. Er schreitet dahin im strahlenden Licht des erleuchteten Selbst-Geistes mitten im Wandel der Welt. Da er die Leerheit von allem erkannt hat, fügt sich für ihn alles von selbst. Er befindet sich in vollkommener Einheit mit dem, was jenseits der Welt ist, und steht im harmonischen Einklang mit den Erfordernissen der diesseitigen Welt. Mit den Worten des chinesischen Zen-Meisters Fen-yang (11. Jh.):

> Hast du das Zen verwirklicht, dann bleibt dein Geist gelassen und wird von weltlichen Belangen nicht aufgerührt. Du gelangst in das Reich der Erleuchtung, transzendierst die gewöhnliche Welt und entsagst der Welt inmitten der Menschen.

## 8

# Der Zen-Weg der großen Befreiung

*»Stirb, noch während du lebst, und sei ganz tot –
und dann tu, was immer du willst, und alles ist
gut.«*

ZEN-MEISTER TA-HUI (12. JH.)

Solch ein zenistischer Aufruf zum mystischen Sterben hat für manchen einen erschreckenden Beigeschmack und löst bei vielen Menschen Unbehagen und Ängste aus. In Wahrheit sind solche Befürchtungen aber völlig unangebracht, da sie letztlich nur aus der Anhaftung an etwas Nichtexistentes resultieren, nämlich aus der Anhaftung an der Wahnvorstellung eines »Ich«. Wenn Ta-hui sagt »*Stirb, und sei ganz tot*«, dann heißt das: Lass all das sterben, womit du dich identifizierst und wovon du überzeugt bist, dass es zu dir gehört. Körperlichkeit, Empfindungen, Wahrnehmungen, Geistesregungen und Bewusstseinsformationen mitsamt dem Erinnerungsgeflecht einer alten, toten Vergangenheit, das alles lass los. Mit anderen Worten, lass all das los, was mit dir, das heißt mit deinem wahren Sein, sowieso nichts zu tun hat. Wenn ich jetzt zum Beispiel meine Hand vor diese Lampe halte, sehen wir hier auf der Wand einen großen Schatten. Die Wand hat aber mit dem Schatten überhaupt nichts zu tun, und der Schatten nichts mit der Wand. Doch wenn die Wand jetzt auf den Schatten schaut, sich damit identifiziert und klagt:

»Oh weh, oh weh, wie komme ich nur wieder raus aus dieser Dunkelheit, dieser Leidenswelt«, – dann hat sie sich, durch diesen Prozess der Identifikation, ihre Leidenswelt selbst geschaffen. Eure Denkmodelle mit den daraus resultierenden Verhaltensmustern, das heißt eure konditionierten Bild- und Wahnvorstellungen erzeugende Projektionen, schaffen den ganzen *Samsara* – diese ganze samsarische Problematik. Aber es gibt keine Probleme. Es gibt nur ein einziges Problem, und dieses Problem bist du selbst. »Du« bist das Problem, allein schon deshalb, weil diese Einzelperson, für die du dich hältst, überhaupt nicht existiert. Denn in Wirklichkeit ist das Ich, das Ego nichts weiter als ein Objekt im Urteil des unterscheidenden Denkens. Es gibt keine individuelle Persönlichkeit, die sich von anderen individuellen Persönlichkeiten unterscheidet, genauso wenig wie es eine Welle gibt, die sich von allen anderen Wellen auf der Oberfläche des Meeres unterscheidet. Alles ist das eine Meer, und ebenso ist alles der Eine Geist, neben dem nichts anderes existiert, in seiner allumfassenden Ganzheit.

Es geht also letztlich darum, zu solch einer Bewusstheit, zu solch einem Erleben der Wesensgleichheit mit allen Wesen zu gelangen, dass sich jede problemverursachende, dualistische Spannung auflöst. Denn in dem Augenblick, wenn du mitten im Kampf gegen deine eigenen Projektionen erkennst, dass da gar keine äußeren Widrigkeiten sind, sondern nur leere Schatten, dann kannst du aufhören zu kämpfen. Also, werft eure Säbel der dualistischen Betrachtung weg und hört auf mit eurer Spiegelfechterei. Hört auf zu projizieren und seht die

Dinge als das, was sie sind – Widerspiegelungen eures unterscheidenden, projizierenden Bewusstseins.

Alles ist das Eine, neben dem nichts anderes existiert. Aber das kann man nicht mit dem Verstand erfassen. Doch wenn man zu einem tieferen Zen-Verständnis gelangt, dann wird man sich eingestehen müssen, dass alle Probleme – berufliche, partnerschaftliche oder sonstige Probleme nur durch die dualistische Betrachtungsweise von Subjekt und Objekt entstehen. Hierzu sagt der chinesische Zen-Meister Yuan-sou (14. Jh.):

> Im Grunde ist da kein anderer, kein Ich, kein gewöhnlich, kein heilig, kein Geist, kein Buddha, kein Ding, kein Zen, kein Tao, kein Mysterium, kein Wunder. Nur durch einen Augenblick des subjektiven Unterscheidens, des Anhaftens und Zurückweisens, wachsen plötzlich lauter Hörner an deinem Kopf, und du wirst von den Zehntausend Dingen unentwegt hierhin und dahin gezerrt und kannst nicht frei und unabhängig sein.

Da, wo Zweiheit ist, da ist auch immer die Tendenz der dualistischen Spannung, des Gegeneinanderwirkens und des Auseinanderstrebens. Die alten Taoisten sagten: »Lass allen Dingen ihren freien Lauf und hänge dich an nichts, und die Welt wird in Ordnung sein.«

Doch sowie ihr etwas ergreifen, etwas manipulieren wollt, sowie ihr die äußeren Dinge verändern wollt, verursacht ihr nur Unruhe. Ihr greift hinein in den klaren

See, und dabei wühlt ihr den ganzen Schlamm auf, und es entstehen die abertausend Wellen. Deshalb sagt Laotse: »Tut einer das Nicht-Tun, ist alles wohl getan.«

Dieses Nicht-Tun, *Wu-wei*, meint aber nicht ein passives Nichtstun, indem man nur noch dasitzt und denkt: »Ich tue gar nichts, denn man soll ja still sein und in sich hineinhören.« Nein – das ist es eben nicht, das wäre bestenfalls esoterisches Pseudo-Zen. Denn die Wirklichkeit des Einen Geistes offenbart sich überall und zu jeder Zeit. Alles liegt offen da, man braucht sich nur darauf einzulassen. Dem Leben selbst mangelt nichts. Nur wenn dein unterscheidendes, begriffliches Denken sich einmischt, dann unterbrichst du den Fluss des Lebens.

Der Intellekt hat in vielen Bereichen des täglichen Lebens wohl seine Berechtigung, aber man darf niemals zulassen, dass er den Fluss des Lebens blockiert. Keine logische Analyse und keine noch so hohe intellektuelle Spekulation wird dich je deinem wahren Sein näher bringen. Ganz im Gegenteil, je mehr du es mit dem Verstand zu erfassen versuchst, desto mehr entfernst du dich davon. In einem chinesischen Zen-Text aus dem 7. Jh., dem *Shinjinmei*, heißt es deshalb:

> Nicht erst zu suchen brauchst du die Wahrheit, einzig und allein dein Denken lass schweigen, nur darauf kommt es an.

Wo du gehst und wo du stehst, mitten in der Welt, überall offenbart sich die göttliche Wirklichkeit in ihrer ganzen Herrlichkeit. Also geht es einzig und allein darum, dass du transparent wirst zu jener allesdurchdringenden, alleserfüllenden Wirklichkeit des Seins, die du selbst bist, die dich trägt und dich umfängt. Außen und innen, oben und unten, alles ist eins. Darum sagt Zen: »Erkenne das Außen als innen und das Innen als außen.« Und dies bedeutet: Jede Unterscheidung fällt, die Unterscheidung von Subjekt und Objekt, die Unterscheidung von Raum und Zeit, von Vergangenheit, Gegenwart und Zukunft. Und wenn dem so ist, dass Raum und Zeit Illusion sind, dass es kein Innen und kein Außen, kein Zuvor und kein Danach gibt, dann ist alles, was es auch sei – ein Zugleich in einer allumfassenden Ganzheit, die alles in sich beschlossen hält. Dann ist China oder der Nordpol dir genauso nah wie deine Nasenspitze, und der Tag, der vor zweitausend Jahren war, findet »jetzt« in diesem Augenblick statt. Und da dem so ist, fand auch die Geburt Gottes nicht nur vor zweitausend Jahren in Bethlehem statt, sondern sie ereignet sich auch jetzt in diesem Moment in dir selbst, im tiefsten Grunde deines Wesens.

Aber diese Geburt kann nur dann stattfinden, wenn alles andere stirbt. Deshalb sprechen die christlichen Mystiker von der dunklen Nacht der Sinne und des Geistes. So kam Buddha zur Erleuchtung, als er in der Dunkelheit der Nacht den Morgenstern erblickte. Dieser Morgenstern ist das »Fünklein in der Seele«, von dem die christlichen Mystiker sprechen. Meister Eckhart sagt: »Im Grunde der Seele leuchtet ein Fünklein, das ist Gott so verwandt, dass es Gott gar selbst ist.« In dem Augenblick, wenn du in einem Vergessen deiner selbst und aller Dinge loslässt und hineinfällst in dieses

Fünklein, erlebst du, dass dieses Fünklein das ganze Universum umfängt. Diese allesdurchdringende, allesumfassende Ganzheit ist der Eine Geist, neben dem nichts anderes existiert.

Alles, was wir als existent wahrnehmen, ist Projektion des samsarischen Bewusstseins, das aus seinen Konditionierungen, das heißt aus den karmischen Triebkräften heraus, diesen ganzen Hokuspokus einer äußeren Erscheinungswelt – so wie sie jeder einzelne erlebt – projiziert. Hierbei erlebt ihr eure projizierten Vorstellungen als so unheimlich stabil und substantiell, dass ihr gar nicht merkt, wie ihr euch selbst in euren eigenen Wahnvorstellungen einfangt. Eure ganzen Verhaltensmuster und eingefahrenen Denkgewohnheiten schaffen ein Umfeld, in dem ihr euch gefangen fühlt und aus dem ihr nicht mehr herauskommt. Und wenn ihr jetzt versucht, herauszukommen aus eurem selbstgeschaffenen Kerker, und meint: Man muss hier ein bisschen verändern und dann da ein bisschen und so die Mauer abbauen – dann wird die Mauer immer nur dicker.

Wir können uns wenden und drehen wie wir wollen, es gibt nur einen Weg zur Befreiung, und der ist, mit den zu Beginn des Kapitels zitierten Worten des chinesischen Zen-Meisters Ta-hui (12. Jh.):

> *Stirb, noch während du lebst, und sei ganz tot, und dann tu, was immer du willst, und alles ist gut.*

Und an anderer Stelle sagt Ta-hui:

Wenn man seinen Geist jählings in die unergründliche Tiefe entsinken lässt, die Verstand und Denken niemals zu erreichen vermögen, wird man den absoluten, strahlenden *Dharmakaya* erschauen.
So befreit man sich selbst vom *Samsara*.

Heraussterben aus der Illusion einer dreidimensionalen, raum-zeitlichen Welt, das ist der Weg. Da du dieses Heraussterben aus dem *Samsara* aber nicht »machen« kannst, indem du es machen »willst«, gibt es nur eine einzige Möglichkeit zur Befreiung, und die ist, dass du jetzt wirklich alles loslässt und dich radikal, mit Körper, Atem und Geist, auf dein wahres, ursprüngliches Sein vor aller Geburt einlässt. In dem Augenblick lösen sich alle Projektionen auf. Mit den Worten des tibetischen *Mahamudra*-Meisters Milarepa (11. Jh.):

> Wenn jemand im eigenen Geist sich besinnt auf den ursprünglichen Zustand seines Geistes, dann lösen sich alle trügerischen Gedanken von selber auf in das Reich der letzten Wirklichkeit.
> Niemand ist mehr da, der Leiden verursacht, und demzufolge auch keiner mehr, der leidet. Und das erschöpfendste Studium sämtlicher heiliger Schriften lehrt uns nicht mehr als dies Eine.

Wenn keiner mehr dieses Wahngebilde einer äußeren Leidenswelt projiziert, dann ist auch keiner mehr da, der unter ihr leidet. Wenn du »jetzt« loslässt bist und dein ganzes Sein auf diesen einen Punkt des Hier und Jetzt bringst, dann stirbt alles ab. Und wenn alles stirbt, offenbart sich »jetzt-hier« in diesem Augenblick die grenzenlose Weite deines wahren Angesichts vor deiner Geburt. Der ganze illusorische Bereich löst sich auf, und die eine Wirklichkeit strahlt auf. Dann wirst du erleben, dass alles ein einziges großes erleuchtetes Ganzes ist, allgegenwärtig, vollkommen, still und rein. Es ist wie ein alles umfassender Spiegel, der die Berge, die Flüsse, Himmel, Sonne, Mond und Sterne widerspiegelt. Dann wirst du erkennen, dass das ganze Universum sich innerhalb des wunderbaren, erleuchteten Einen Geistes befindet.

»Das Ganze ist größer als die Summe seiner Teile«, sagt Pythagoras. Wenn du von diesem Ganzen ausgehst, von dieser einen Wirklichkeit, die dich durchdringt, dich umgibt und die du selbst bist, in dem Augenblick verlieren alle Probleme, alle diese Pseudo-Wichtigkeiten des täglichen Lebens, ihre Bedeutung. Du siehst dann alles als ein Zugleich. Nur in der bewusstseinsverengenden, dualistischen Betrachtungsweise der Strohhalm-Perspektive siehst du eine vielheitliche Welt.

Stellen wir uns einmal bildlich vor, wir würden seit unserer Geburt nur durch einen Strohhalm schauen. Unsere ganze Weltwahrnehmung wäre somit die einer begrenzten Strohhalmperspektive. Da sehen wir hier ein Pünktchen, da einen hellen Fleck und dort einen dunklen Fleck. Wir sehen hier etwas Eckiges und dort etwas Rundes und denken, das ist die Welt, so sieht sie aus. Aber in dem Augenblick, wenn wir den mystischen Tod sterben und erwachen, das heißt, wenn der Strohhalm fällt, dann sehen wir auf einmal alles als ein Zugleich – als ein allumfassendes Ganzes.

Die vielheitliche Wahrnehmung ist die aus dem Nichtwissen hervorgegangene konditionierte Betrachtungsweise des unterscheidenden, begrifflichen Denkens. Und da, wo Unterscheidung ist, da ist auch immer Annehmen und Verwerfen. Da gibt es gut und böse, richtig und falsch. Das eine nehmt ihr an, das andere lehnt ihr ab. Und so geht es das ganze Leben hindurch. Ihr alle hier befindet euch auf dem geistigen Weg, ihr meditiert und lest geistige Bücher. Doch wenn ihr denkt: »Ich bin auf dem geistigen Weg, und alles Ungeistige lehne ich ab«, dann seid ihr auch schon wieder in der Dualität. Dann haltet ihr an der »Reinheit« fest. Aber das Festklammern an der Vorstellung von Reinheit ist schon wieder ein Aufwirbeln des Schlamms des Nichtwissens.

Das Reine und das Unreine sind eins. *Nirvana* und *Samsara* sind eins. Der Schlamm des *Samsara* und der reine, aus sich selbst strahlende *Dharmakaya* sind ein und dieselbe Wirklichkeit. Solange ihr noch in eurem dualistischen, begrifflichen Denken gefangen seid, werdet ihr nicht erkennen, dass der *Samsara*, so wie ihr ihn erlebt, nur durch eure eigenen Unterscheidungen geschaffen wird. Nur aufgrund eurer geistigen Blindheit verwandelt ihr ständig den reinen Selbst-Geist in einen gierigen Geist, in einen zornigen Geist oder in einen trägen Geist des Nichtwissens.

»Befrei dich von allem!« – »*Stirb, noch während du lebst, und sei ganz tot, und dann tu, was immer du willst, und alles ist gut«*, sagt Ta-hui. Dann verwandelt sich die ganze Welt, der ganze durch Gier, Hass und Verblendung bedingte *Samsara* – der Kreislauf von Geburt, Altern, Verzweiflung, Krankheit, Schmerz und Tod zu einem großen, strahlenden *Bodhimandala* – zu dem großen Mandala der grenzenlosen Erleuchtung. Dein Geist wird offen, hell leuchtend, grenzenlos, ohne Mitte und Ende. Das strahlende Licht deines wahren Seins erleuchtet das ganze Universum und durchschneidet Vergangenheit, Gegenwart und Zukunft.

# 9

## Das Schatzhaus ist in dir

*Die Menschen sind in ihrem tiefsten Wesen Buddha, das ist wie Wasser und Eis. Wie es kein Eis gibt ohne Wasser, so gibt es ohne Buddha nicht einen Menschen. Wehe den Menschen, die in weiter Ferne suchen und, was nahe liegt, nicht wissen. Sie gleichen denen, die mitten im Wasser stehen und doch nach Wasser schreien. Als Söhne des Reichsten und Vornehmsten geboren, wandeln sie gleichwohl in Armut und Elend trostlos dahin. Immer dunkler und dunkler wird es um sie im Dunkel des Irrtums. Wann sollten sie sich je lösen von Leben und Tod?*
ZEN-MEISTER HAKUIN (18. JH.)

Heute wollen wir uns einen Abschnitt von Zen-Meister Hakuins Zen-Schrift »Preisgesang des *Za-Zen*« anschauen. Hakuin war einer der bedeutendsten japanischen Zen-Meister, und sein Zen weist eine große Ähnlichkeit mit dem der alten chinesischen *Chan*-Meister auf. Hakuin sagt:

*Die Menschen sind in ihrem tiefsten Wesen Buddha.*

Ich möchte hier auf unser Bild vom Meer und den Wellen zurückgreifen. Das Meer steht für Buddha, und die Wellen sind die einzelnen Wesen. Hakuin sagt, dass die Menschen in ihrem tiefsten Wesen Buddha sind: Das heißt, jede Welle auf der Oberfläche des Meeres ist in ihrem tiefsten Wesen das Meer selbst. Und so sind alle Wesen im Grunde ihres wahren Seins nichts anderes als die »Eine« allem zugrunde liegende allumfassende Wirklichkeit selbst.

> *Das ist wie Wasser und Eis. Wie es kein Eis gibt ohne Wasser, so gibt es ohne Buddha nicht einen Menschen.*

Das Eis ist die abgesonderte Form, die Kristallisation des Wassers, und diese entspricht hier in Hakuins Preisgesang der menschlichen Persönlichkeit. Der Eisklumpen identifiziert sich mit seiner eigenen Form und meint: »Das bin ich. Ich bin etwas ganz Besonderes. Ich schwimme zwar oben drauf auf dem Meer, habe aber mit den ganzen Wellen und den anderen Eisklumpen, die hier herumschwimmen, nichts zu tun.« In dem Augenblick jedoch, wenn der Eisklumpen schmilzt und sich auflöst, erfährt er sich selbst als das Meer in seiner allumfassenden Ganzheit.

»Form ist Leere, und Leere ist Form«, heißt es im *Prajnaparamita-Hridaya-Sutra*, das täglich in den Zen-Klöstern rezitiert wird. Alles, was es auch sei, ist das Eine ohne Zweites, in der Erscheinungsweise dessen, als was es uns erscheint. Jede Dualität, jede Unterscheidung entspringt dem Nichtwissen, der konditionierten Tendenz des Verstandes, alles in Begriffen von richtig und falsch, gut und böse, ja und nein zu sehen und somit als

Gegensätze zu trennen. Da aber, in der Sprache des Zen, alles Denken eine irrtümliche Meinung ist, sind alle Gegensätze nichts weiter als willkürliche Annahmen eines von seinen eigenen Projektionen verblendeten Bewusstseins. Alles ist das Eine, alles ist der Eine Geist, neben dem nichts anderes existiert. Es gibt nur die eine Wirklichkeit. Und diese zu erfahren, nur darum geht es.

*Wehe den Menschen, die in weiter Ferne suchen und, was nahe liegt, nicht wissen.*

Du brauchst die Wahrheit nicht zu suchen, du brauchst nirgendwo hinzugehen, du brauchst, so erstaunlich es sich auch anhören mag, wirklich gar nichts zu tun, sondern ganz im Gegenteil: Verweile im *Wu-wei*, dem Nicht-Tun, und im *Wu-nien*, dem Nicht-Denken, raten uns die alten taoistischen Meister.

Es ist eine bekannte Tatsache, dass man für alles, was man im Leben erreichen will, auch etwas tun muss. Wenn man irgend etwas erreichen will, muss man Energie einsetzen – sei es zum Erlernen eines Berufes, zum Bauen eines Hauses oder wenn man sich nur ein Mittagessen zubereiten will. Doch jetzt geht es hier um die allerhöchste Wahrheit, und da heißt es auf einmal: »Du brauchst nichts zu tun, du brauchst die Wahrheit nicht zu suchen.« Was ist damit gemeint?

In der Praxis des Zen geht es in erster Linie um ein Loslassen, und somit um ein sich Einlassen auf das, was ist. Du kannst das Erwachen, die Erleuchtung nicht machen, du kannst dich nicht selbst an den Haaren aus dem Sumpf herausziehen. Die Erleuchtung geschieht dir. Sie geschieht dir aber erst dann, wenn du wirklich loslässt – unvermittelt, ganz plötzlich in einem Moment, in dem du es nicht erwartest. Sie geschieht dir, wenn du zu solch einem Loslassen kommst, dass dieses Loslassen kein Loslassen ist, das du »machst«, sondern dass es ein Losgelassensein ist, das du »bist«. Dass es ein Vergessen deiner selbst und aller Dinge ist, solcherart, dass du selbst zum Loslassen geworden bist.

Der »Große Tod«, wie man im Zen sagt, geschieht immer erst dann, wenn keiner mehr da ist, der sagt: »Ich will loslassen und den mystischen Tod sterben, aber hoffentlich komme ich auch wieder zurück ins Leben.« Denn solange du Angst hast und denkst, hoffentlich komme ich auch wieder zurück, solange du so denkst, wirst du dich nur im Kreis drehen und dich im Rankengewirr deiner geistigen Verwirrung verlieren. Hierbei kann alles mögliche geschehen. Du kannst zum Beispiel die schönsten Visionen haben und dabei alle möglichen wundersamen Dinge erleben. Aber du wirst nicht an diesen entscheidenden Punkt kommen, an dem du dich wirklich ganz dem Abgrund des göttlichen Seins überantwortest. Du wirst nicht an diesen Punkt kommen, an dem du herausstirbst aus der äußeren Erscheinungswelt von Raum und Zeit, hinein in das Todlose, in die Wirklichkeit deines wahren, ursprünglichen Seins.

Solange du noch so am Leben festhängst, dass du denkst, ich möchte mich auf das Todlose einlassen und hineinsterben in den göttlichen Abgrund, aber hoffentlich komme ich auch wieder ins Leben zurück, dann bist du noch nicht reif für den »Großen Tod« – für die Erleuchtung. Du kannst die Wirklichkeit des göttlichen

Seins nur erfahren, indem du ganz hineinstirbst, radikal ohne Rest. Und das bedeutet, dass du zu solch einem totalen Loslassen kommen musst, dass es wirklich ein totales Vergessen deiner selbst und aller Dinge ist. Deshalb ruft uns Zen zu: »Mutig loslassen am Rande des Abgrunds. Wirf dich selbst in den Abgrund, voll Entschlossenheit und Vertrauen. Erst nach dem Tod beginnst du zu leben. Das allein ist die Wahrheit.«

Wenn das geschieht, dass du allem abstirbst, in dem Augenblick wird deine Neugeburt stattfinden, und du wirst zu deinem wahren Sein des erleuchteten Geistes erwachen. Du stirbst hinein, und derjenige, der sich dann wiederfindet nach dieser Erfahrung des mystischen Todes (*meditatio mortes*), der hat mit demjenigen, der er vorher war, nichts mehr, aber auch nicht mehr das Allergeringste zu tun. Der chinesische Zen-Meister Mumon (13. Jh.) beschreibt diese unbeschreibliche Erfahrung mit sehr kraftvollen Worten:

> Ihr werdet den Himmel in Staunen versetzen und die Erde erschüttern. Es wird sein, als hättet ihr das Schwert von General Khan an euch gerissen. Trefft ihr den Buddha, werdet ihr ihn töten. Begegnet ihr einem alten Meister, werdet ihr ihn töten. Am Rande von Leben und Tod werdet ihr euch vollkommener Freiheit erfreuen. In allen Bereichen des Daseins und der Lebensweisen werdet ihr euch in einem *Samadhi* unschuldigen Entzückens bewegen.

Kommen wir nun wieder zurück zu Zen-Meister Hakuin:

*Wehe den Menschen, die in weiter Ferne suchen und das, was nahe liegt, nicht wissen. Sie gleichen denen, die mitten im Wasser stehen und doch nach Wasser schreien.*

Die meisten Menschen suchen in weiter Ferne nach der Wahrheit, das heißt, sie suchen im Äußeren, im Da und Dort. Doch Zen sagt: »Du brauchst das Schatzhaus der Weisheit nicht zu suchen, das Schatzhaus ist in dir.« Alles ist da. Du brauchst nirgendwo hinzugehen. Mit den Worten des tantrischen Meisters Saraha (9. Jh.): »Alles, was hier ist, ist auch anderswo, und was hier nicht ist, ist nirgendwo.« Das heißt: Wenn du die Wahrheit hier nicht findest, dann findest du sie auch nirgendwo anders. Ein Buddha, das heißt ein Erleuchteter, erlebt alle Wesen als die Widerspiegelung seines eigenen Seins. Dies ist die nicht-unterscheidende Klarschau der spiegelgleichen Weisheit. Denn alles ist das Eine. Es gibt keine Dualität. Es gibt kein Ich und kein Du. Denn du bist ich, und ich bin du, in unserem Selbst umfangen wir das All. Dualität ist immer Folgeerscheinung des unterscheidenden, begrifflichen Denkens.

Deshalb sagt Zen: »Wenn die Gedanken sich erheben, erheben sich alle Dinge, und wenn die Gedanken schwinden, schwinden alle Dinge.« Mit anderen Worten: Wenn die Gedanken sich erheben, erheben sich alle Projektionen, alle Formen, alle Erscheinungen, alle Gefühle, und somit auch alle Probleme, und wenn die

Gedanken schwinden, schwinden alle diese Phänomene. Das wird oft falsch verstanden, so dass viele Zen-Praktizierende ein totes Zen praktizieren, indem sie glauben, es gehe nur darum, stundenlang auf dem Meditationskissen in kerzengerader Körperhaltung zu sitzen und immer nur zu sitzen und alles Denken auszuschalten. Sie sind davon überzeugt, dass die aufrechte Körperhaltung auf dem Sitzkissen schon die Verwirklichung der Buddha-Natur sei. Und darum hört man sie oft sagen: »Sitzen wie ein aus Bronze gegossener Buddha, im einwandfreien Lotussitz, das ist Buddha-Sein.« Doch das ist ein verhängnisvoller Irrtum. Das hat mit der wahren, ursprünglichen Zen-Meditation der alten Zen-Meister wie Huang-po, Ma-tzu, Joshu oder Ta-hui nicht das Geringste zu tun. Die alten chinesischen *Chan*-Meister nannten diese falsche Form der Meditation »die Geisterhöhle des toten Nichts«. Dazu sagt der chinesische Zen-Meister Fo-yan (12. Jh.):

> Praktiziere nicht, indem du einfach nur dasitzt und von nichts Notiz nimmst, indem du stocksteif Geist und Körper unterdrückst, so dass sie wie Erde und Holz sind, das bringt nichts ein.

Heutzutage gibt es viele Zen-Mönche, die einfach nur so dasitzen und dösen. Doch wie können sie erwarten, durch bloßes, stumpfes Herumsitzen zur Einsicht ihres wahren Wesens zu gelangen?

In der lebendigen Zen-Praxis des ursprünglichen Zen geht es um etwas ganz anderes als um ein ausschließliches Sitzen in der Stille des inneren Schweigens. Das Praktizieren der Zen-Meditation ist – und das sei hier mit äußerstem Nachdruck versichert – von unerläßlicher Wichtigkeit, wenn man zur Verwirklichung seines wahren Wesens gelangen möchte. Doch ist es ein gewaltiger Irrtum zu glauben, dass es im Zen nur darum geht, die Stille des Geistes zu verwirklichen. Deshalb sagt ja auch der chinesische Zen-Meister Tahui (12. Jh.):

> Das Sitzen in der Stille, als das Einüben des inneren Schweigens, ist nur dazu da, das zerstreute und richtungslose Gewahrsein zu sammeln. Hältst du jedoch an der Stille als dem eigentlichen Ziel fest, so wirst du dem falschen Zen des leeren, toten Nichts verfallen.

In der wahren Zen-Praxis geht es vielmehr darum, dass wir uns unseres wahren Seins bewusst werden, überall und ständig, mitten in der Welt, in jeder Situation, bei allem, was wir auch tun. Das ist aktives, lebendiges Zen. Darum nennen wir unser Zentrum ja auch Zen-Zentrum Tao Chan. »*Tao Chan*« setzt sich aus den chinesischen Begriffen *Tao* und *Chan* zusammen und steht für die spirituelle Praxis mitten in der Welt. *Tao* bedeutet das Absolute und gleichzeitig der Weg, und *Chan*, das chinesische Wort für Zen, heißt Versenkung. *Tao Chan* ist somit die Verbindung von Weg und Versenkung, wobei sich der aktive Weg des alltäglichen Lebens untrennbar mit dem hellklaren Selbstgewahrsein des Geistes in der stillen Meditation des Zen verbindet.

*Als Söhne des Reichsten und Vornehmsten geboren, wandeln sie gleichwohl in Armut und Elend trostlos dahin.*

Alle Menschen sind Söhne und Töchter des Allerhöchsten. Deshalb sagt ja auch Jesus Christus: »Wisst ihr denn nicht, dass ihr Kinder des Allerhöchsten seid.« Aber die Menschen haben es leider vergessen. Doch ein Erwachter weiß, wer er ist. Er weiß, er ist der Sohn Gottes. Jeder Erwachte, ob Buddha, Lao-tse, Huang-po, ob Jesus Christus, Meister Eckhart oder Bodhidharma, jeder von ihnen kann wie Jesus von sich sagen: »Der Vater und ich sind eins. Wer den Sohn sieht, sieht den Vater.« Oder mit den Worten des islamischen Sufi-Mystikers Al-Halladsch (9. Jh.), der sich selbst sein Todesurteil sprach, indem er öffentlich verkündete:

> Ich bin der, den ich liebe, und der, den ich liebe ist ich. Ich bin Allah und Allah ist ich. Wer mich sieht, sieht uns.

Doch alle anderen Menschen sind genauso Söhne und Töchter des Allerhöchsten. Und wenn sie es nicht erleben, weil sie es nicht erkennen, da sie sich von der Wirklichkeit ihres wahren Seins entfernt haben, so dass sie jetzt nur noch ein jämmerliches Schattendasein fristen – wem wollen sie dafür die Schuld geben? »Trifft dein Geist auf das Ungeborene, so hat das All keine Schuld mehr«, lesen wir im *Shinjinmei*, einer der wesentlichen

Schriften des Zen-Buddhismus. Niemand hat Schuld. Darum geht es auch gar nicht. Denn wenn du jetzt anfängst lange hin und her zu überlegen, ob Schuld oder nicht Schuld, und denkst: »Oh, ich habe mich abgesondert vom göttlichen Licht. Ich habe mich verloren im Schattenreich der Projektionen«, dann vergeudest du nur unnötig wertvolle Energie. Du weißt nicht einmal, ob du, wenn du ausatmest, noch einmal einatmen wirst. »Du weißt nicht, was zuerst kommt, der morgige Tag oder der Tod«, sagt ein tibetisches Sprichwort. Mit anderen Worten, da keiner weiß, wie lange er lebt, ist es viel wichtiger und absolut notwendig, dass man seine ganze Energie nimmt und auf das Selbstgewahrsein des Geistes zentriert, anstatt zu analysieren, warum alles so gekommen ist.

»Nimm deinen Geist, wende ihn zurück, und schau auf dein wahres Angesicht vor deiner Geburt«, heißt es im Zen. Alles andere ist ein unnötiger Energieverbrauch und reine Zeitverschwendung. Alles Analysieren manövriert dich nur immer mehr hinein in das Rankengewirr des samsarischen Kreislaufs von Geburt, Altern, Verzweiflung, Krankheit, Schmerz und Tod. Und bedenke, gerade im Moment der größten Verwirrung kannst du vom Tod ereilt werden.

Also, die Dinge sehen, wie sie sind, das ist die richtige Betrachtungsweise eines Zen-Praktizierenden, das ist der Weg zur alles vollendenden Klarschau des Geistes. Klar erkennen und sich nicht verlieren in dies und das und jenes. Kein Analysieren, kein Erwägen, warum das so ist und wie und was und wo, sondern alles mit dem Schwert der nicht-unterscheidenden Weisheit des

Buddha *Manjushri* abschneiden! Wach werden! Aufwachen! Aus diesem Grund wird ein Schüler des Zen von seinem Meister immer wieder mit allen Mitteln geschockt. Er wird geschockt durch einen Schlag mit dem Stock oder durch einen lauten Schrei, wie zum Beispiel durch das laute »HO!!!« von Zen-Meister Lin-chi. Oder auch durch eine scheinbar ganz absichtslos gemachte nebensächliche Bemerkung, die den Schüler, der gerade in der Anhaftung ist, trifft wie ein Keulenschlag.

> Ein Schüler des Zen fragt seinen Meister: »Wer ist der Buddha aller Buddhas der Vergangenheit, Gegenwart und Zukunft?« »Der Schafgarbenstrauch hinter dem Scheißhaus«, antwortet der Meister.

Jeder dieser Zen-Schocks ist ein Schlag mit dem Zen-Stock auf die Finger der Anklammerung.
Du klammerst an deiner Vorstellung von Leben – »HO!!!«, du klammerst an deiner Vorstellung von Tod – »HO!!!«, du klammerst an deiner Vorstellung, was wohl sein wird, wenn du loslässt – »HO!!!«.
Sowie du dir irgendein Bild, eine Vorstellung von dem machst, was jenseits all dessen liegt, was Sinne und Verstand zu fassen vermögen, hast du das Unaussagbare objektiviert, hast du die absolute, ungeborene Wirklichkeit deines wahren Seins objektiviert und die dualistische Betrachtungsweise verstärkt. Und auf diese Weise wird sich der *Samsara*, der Kreislauf von Geburt, Altern, Verzweiflung, Krankheit, Schmerz und Tod, immer mehr verdichten. Deshalb sagt Zen-Meister Hakuin:

*Immer dunkler und dunkler wird es um sie im Dunkel des Irrtums.*

Je mehr du deine irrtümlichen Vorstellungen für Wirklichkeit hältst und die Erscheinungen einer äußeren Erscheinungswelt für wirkliche, objektive Gegebenheiten, desto mehr verlierst du dich im Leidensmeer des *Samsara*. Die äußeren Erscheinungen, das heißt die Phänomene des *Samsara*, gewinnen immer mehr an Faszination. Da dem so ist und du dich jetzt mittendrin siehst in diesen undurchdringbar festen, unumstößlichen Realitäten – die aber in Wirklichkeit nur »Traumbilder des konditionierten Bewusstseins« sind – bist du darin gefangen. Die Mauern deiner Konditionierungen werden immer dicker und dicker und undurchdringlicher. Und je mehr du dagegen kämpfst und dagegen anrennst, um so fester und härter werden die Mauern, und du kommst nicht mehr raus aus deinem selbstgeschaffenen Gefängnis. Du kannst nicht herauskommen, weil dieses Herauskommen eines Tores bedarf, durch das du hindurchgehst. Da aber kein Tor vorhanden ist, spricht Zen vom »Torlosen Tor« (*Mumonkan*). Die alten Zen-Meister sagten auch: »Zutritt nur durch die Wand.« Ja, durch die Wand, doch die Wand ist undurchdringbar. Also, was ist die Lösung des Problems?

Du kannst nur heraussterben aus deinem selbstgeschaffenen Gefängnis einer scheinbaren Persönlichkeit, eingefangen in einer äußeren Erscheinungswelt in Raum und Zeit. Du kannst nicht durch die Mauer hindurch, denn je mehr du an der Mauer kratzt und bohrst, um so dicker wird sie. Du kannst auch nicht darüberklettern, denn je höher du kletterst, desto höher wird auch die Mauer. Du kannst nur »heraussterben«. So unannehmbar es den meisten auch erscheinen mag, – das ist der einzige Weg, einen anderen gibt es nicht.

*Wann sollten sie sich je lösen von Leben und Tod?*

Je mehr du dich verstrickst in dieses Rankengewirr deiner selbstverursachten geistigen Verwirrung, desto mehr verstrickst du dich in den *Samsara*, in den Kreislauf von Geburt, Altern, Verzweiflung, Krankheit, Schmerz und Tod. »*Wann wollt ihr euch je lösen von Leben und Tod?*« fragt uns Zen-Meister Hakuin. Die Antwort kann hier niemals lauten: dann und dann, sondern nur »jetzt«. Im Zen gibt es kein Gestern, Heute oder Morgen, sondern immer nur »jetzt«. Also, was ist nun die Lösung des Problems? Ganz einfach – sagt Zen: »Stirb, noch während du lebst, und sei ganz tot; und dann tu, was immer du willst, und alles ist gut.«

Das ist die Lösung – das ist »die große Befreiung«!

# 10

## Alles ist der Eine Geist

*Wenn die Wahrnehmung von Gegenständen dich nicht blendet, siehst du, dass alle Dinge das Licht des Geistes sind. Wie der Adler erhebst du dich über alle Grenzen hinaus, nirgends dich aufhaltend. Mit der Klarheit des ungezwungen offenen Gewahrseins gehst du auf die Welt ein.*
ZEN-MEISTER HUNG-CHIH (12. JH.)

Zen-Meister Hung-chih war einer der letzten großen chinesischen Zen-Meister der Song-Dynastie. Man sagt von ihm, dass er das Zen noch einmal zur Hochblüte brachte, quasi zu einem Abschluss des chinesischen Zen. Hung-chih sagt:

*Wenn die Wahrnehmung von Gegenständen dich nicht blendet, siehst du, dass alle Dinge das Licht des Geistes sind.*

Was heißt das, »*wenn die Wahrnehmung von Gegenständen dich nicht blendet*«? Geblendet sein heißt verwirrt sein durch die vielen Erscheinungen einer scheinbaren, äußeren Erscheinungswelt. Wenn die Wahrnehmung von Gegenständen uns nicht verwirrt, werden wir erkennen, dass alle Erscheinungen der Geist selbst sind. In der Zen-Praxis geht es darum, zu einer Klarheit des Bewusstseins zu gelangen, die uns über die Illusion der Vielheit erhebt. So werden wir immer mehr verstehen und erleben, dass alle Dinge, alle Erscheinungen, alles, was uns begegnet, der Eine Geist selbst ist in der Erscheinungsweise dessen, als was er uns erscheint. Der geistig Verblendete erlebt jedoch, bedingt durch seine dualistische Betrachtungsweise des Ergreifens und Verwerfens, eine durch seine Projektionen hervorgerufene scheinbar äußere Welt. Auf diese reagiert er dann mit Begehren oder Ablehnung, was sich bis zur äußersten Aggression steigern kann. Und so kämpft er, als Gefangener seiner Konditionierungen, ununterbrochen gegen seine eigenen Projektionen, so wie »Don Quichotte, der Ritter von der traurigen Gestalt«.

Don Quichotte, dessen Geist verwirrt ist, zieht auf Abenteuer aus. Er hält Bauernschänken für Ritterburgen und kämpft gegen Windmühlen, die er für Riesen hält. Überall sieht er Feinde, die aber nichts anderes sind als seine eigenen Projektionen. Und demzufolge kämpft er nur gegen seine eigenen Wahnideen.

Wer aber zum anstrengungslosen Gewahrsein des allem zugrunde liegenden Einen Geistes gelangt, verstrickt sich nicht mehr in das Rankengewirr seiner eigenen Projektionen. Er befreit sich von den Fesseln des unterscheidenden, begrifflichen Denkens und erhebt sich so über die dunklen Nebel der Erscheinungen, der Illusion einer vielheitlichen Welt. Er erlebt die Welt nicht mehr aus der begrenzten Froschperspektive, aus der er gerade nur bis zum nächsten Stein sehen kann oder bis zum nächsten Grasbüschel und nicht weiß, was sich dahinter befindet. Sondern er erhebt sich hoch hinaus wie der Adler, der von oben alles als ein Zugleich sieht. Dies ist die multidimensionale Betrachtungsweise der vollendeten Klarschau, die Betrachtungsweise der Nicht-Unterscheidung.

»Wenn die Gedanken sich erheben, dann erheben sich alle Dinge, und wenn die Gedanken schwinden, dann schwinden alle Dinge«, sagt Zen-Meister Huang-po. Mit anderen Worten: Wenn der Geist sich bewegt, dann erheben sich alle Dinge, und wenn der Geist in sich ruht, dann schwinden alle Dinge. Was ist aber dieses sich Bewegen des Geistes? Das sich Bewegen des Geistes ist die durch das Nichtwissen ausgelöste Beunruhigung auf der Oberfläche des Geist-Meeres. Auf diese Weise erheben sich die Wellen des unterscheidenden Denkens als die Auswirkungen. Diese Auswirkungen sind aber zugleich wieder Verursachungen. Denn wenn die Gedanken sich erheben, erheben sich auch die Gefühle, und wo Gefühle sich erheben, erheben sich wieder weitere Gedanken. Dieser Prozess der Verselbständigung von Gedanken und Gefühlen setzt sich immer weiter fort.

Gier, Hass, Verblendung, Neid, Zorn und Eifersucht sind nichts anderes als Folgeerscheinung der falschen Betrachtungsweise, bedingt durch das unterscheidende, begriffliche Denken. Dieses unterscheidende, begriffliche Denken aktiviert die Tendenz des Ergreifens und Verwerfens, und wenn das, was man ergreifen möchte, sich nicht ergreifen lässt, reagiert das Bewusstsein mit Ablehnung und Aggression.

Man sieht es häufig in partnerschaftlichen Beziehungen, wenn zum Beispiel der eine ein erotisches Bedürfnis hat, dem der Partner nicht entspricht. Angenommen ein Mann hat das Bedürfnis mit seiner Frau zu schlafen, aber die Frau reagiert nicht gemäß seines Verlangens.

In solch einer Situation kann das leidenschaftliche Begehren schnell umschlagen in Ablehnung und Aggression, weil nämlich Begehren und Hass dieselbe Energie, nur in verschiedener Färbung ist. Sonst könnte es ja nicht geschehen, dass die Tendenz des Ergreifens, des Habenwollens auf einmal umschlägt in das genaue Gegenteil – in Ablehnung. Beides hängt zusammen, weil beides aus dem Nichtwissen heraus resultiert, und somit vom Nichtwissen getragen ist und zu weiterem Nichtwissen führt.

Auf diese Weise verstricken sich die Menschen, durch Begehren und Ablehnen, immer mehr in die Wahnvorstellungen ihrer eigenen Projektionen. Sie träumen ihren Traum einer vielheitlichen Welt, indem sie alle begehrlichen Dinge in ihrem Bewusstsein projizieren, sie dann zu ergreifen versuchen und, wenn sie sich nicht ergreifen lassen, mit Aggression und Ablehnung reagieren. In der Zen-Praxis geht es also darum, dass man erkennt, dass jede Vielheit nur Illusion ist und dass wirklich nichts anderes existiert außer dem Einen Geist. Durch Zen-Praxis wird diese erst intellektuelle Einsicht so vertieft, dass sie zu einer inneren Erfahrung wird. Wenn die Bezeichnung »radikal empirisch« auf irgend etwas zutrifft, dann mit Sicherheit auf Zen. Denn Zen ist in jeder Hinsicht eine reine Sache der absoluten Erfahrung. Dies zeigt uns auch die folgende Begebenheit:

Als der chinesische Zen-Meister Ting eines Tages eine Brücke überquerte, begegneten ihm drei hohe buddhistische Gelehrte. Einer der Gelehrten wollte Meister Tings Zen-Verständnis prüfen und fragte ihn: »Der Zen-Fluß ist tief, und sein Grund muss ausgelotet werden. Was bedeutet das?« Kaum hatte der Fragesteller ausgesprochen, packte ihn Meister Ting mit beiden Händen und war drauf und dran, ihn von der Brücke zu stoßen. Doch die beiden anderen Gelehrten fielen ihm in die Arme und baten ihn, ihren Freund loszulassen. Ting ließ den Gelehrten daraufhin los und sagte: »Hättet ihr mich nicht zurückgehalten, ich hätte ihn den Grund des Flusses selbst ausloten lassen.«

Zen ist keine Sache intellektueller Spekulation, sondern reine Erfahrung, und somit eine Sache der inneren Erkenntnis. Denn wirkliches Erkennen heißt danach handeln. Lao-tse sagt: »Wissen und nicht danach handeln ist Nichtwissen.« Wirkliches Wissen zeigt sich erst in der praktischen Anwendung, wenn du es lebst, wenn du auch wirklich danach handelst.

Es ist genauso, als würde einer sagen: »Ich habe mich schon so oft bemüht, das Rauchen aufzugeben, aber ohne Erfolg.« Und wenn ich dann zu ihm sage: »Du weißt doch, wie schädlich das ist«, antwortet er: »Sicher, ich weiß, wie schädlich das ist, aber ich habe mich schon so oft bemüht, es klappt einfach nicht.« Dann kann ich immer nur sagen: »Du weißt es eben nicht, du weißt es wirklich nicht. Wenn du es wirklich wüsstest, würdest du auch aufhören mit dem Rauchen, denn wissen und nicht danach handeln ist immer Nichtwissen.«

Nun wollen wir wieder auf unseren Ausgangsgedanken zurückkommen. »Alles ist der Eine Geist, neben dem nichts anderes existiert, und jede vielheitliche Wahrnehmung ist Illusion.«

Es ist von grundlegender Wichtigkeit, dass man sich wirklich bewusst wird, dass es keine Vielheit gibt. Alles ist das Eine, neben dem nichts anderes existiert, und das alles in sich beschlossen hält. Deshalb sagt Meister Eckhart: »Gott hat nur ein einziges Verlangen, und das ist, sich in alles zu ergießen und alles in sich zu einen und sich in allem (in seiner allumfassenden Ganzheit) als sich selbst zu erkennen und zu lieben.« Denn Liebe heißt: absolutes Einssein.

Im Buddhismus spricht man von *Maitri*, der allumfassenden Liebe, weshalb der Buddha der Zukunft *Maitreya*, der »All-Liebende« genannt wird. Er verkörpert die Liebe, die nur darauf wartet, sich sofort, wenn der richtige Zeitpunkt gekommen ist, zu aktivieren. Aus diesem Grund wird er auf einem Thron sitzend dargestellt, mit beiden Füßen auf dem Boden – bereit, sich sofort zu erheben – und nicht im Lotus-Sitz, mit übereinander gekreuzten Beinen. Er ist jederzeit bereit, die Liebe zu aktivieren, denn wirkliche Liebe ist immer aktiv. Liebe, die nicht aktiv ist, ist ohne Leben, sie ist tot und nichts weiter als nur eine seichte Gefühlsduselei und hat mit wahrer Liebe nichts zu tun. Wirkliche Liebe ist immer aktive Liebe, weil sie stets bereit ist, sich selbst zu geben, ohne etwas zu verlangen. Wahre Liebe verlangt überhaupt nichts.

Wenn wir zum Beispiel eine Blume, die auf der Wiese steht, wirklich lieben, dann haben wir nicht das Verlangen, sie zu ergreifen, indem wir sie pflücken, um sie mit nach Hause zu nehmen. Ganz im Gegenteil: Wir möchten ihr wirklich »begegnen«. Aber um ihr wirklich zu begegnen, müssen wir uns selbst der Blume öffnen und hingeben. Das heißt, wir müssen uns der Blume so schenken, dass wir mit unserem ganzen Sein mit ihr eins sind. Dann werden wir erfahren – so unannehmbar es dem kritischen Verstand auch erscheinen mag –, dass die Blume uns anschaut und dass sie uns wirklich wahrnimmt. Dann wird unser Sein und das Sein der Blume zu einem einzigen Sein. Es ist ein einziges allumfassendes Umfangensein in der Liebe, in der sich die Präsenz des göttlichen Seins offenbart, denn:

> Gott ist die Liebe, und wer in der Liebe bleibt, der bleibt in Gott und Gott in ihm.
> (1.Joh 4,16)

So sagt es uns auch die heilige Schrift des neuen Testaments. Die Liebe als wirkliche Begegnung findet immer nur dann statt, wenn es kein ergreifendes Ego gibt. Wer wirklich liebt, der wird erleben, dass wahre Liebe immer nur da erfahren wird, wo nicht zwei sich begegnen, sondern der andere als dir zugehörig, als dir verbunden, als eins mit dir erkannt wird. Soji Enku schrieb einmal in einem Gedicht: »Du bist ich und ich bin du, in unserem wahren Selbst umfangen wir das All.« Du erlebst mit dem anderen ein solches Verbundensein, ein solches Einssein, dass du ihn als Teil deiner selbst erfährst. Für einen Zen-Praktizierenden geht es jetzt aber darum, durch die Erkenntnis und Verwirklichung der Wesensgleichheit dieses Verbundensein auch dann zu erfahren, wenn der andere in seiner Verhaltens- und Denkweise nicht mit dir übereinstimmt. Denn: »Alles« ist der Eine Geist, neben dem nichts anderes existiert.

Je mehr der Mensch ein Gefangener der Illusion der Vielheit ist, desto mehr fühlt er sich getrennt von allem. Und je mehr er sich getrennt fühlt in seiner unterscheidenden Betrachtungsweise von Subjekt und Objekt, desto mehr fühlt er sich verunsichert und bedroht. Auf diese Weise erhebt sich in ihm die Tendenz, sich selbst zu behaupten, zu kämpfen, sich abzuschirmen und zu schützen. Dies kann sich dann steigern bis zur äußersten Aggression. Der ganze Grund hierfür liegt aber allein darin, dass er die Dinge völlig falsch sieht. Er hat eine falsche Vorstellung, die er auf alles draufprojiziert, und daraus resultieren dann Hass und Aggression als Folgeerscheinung des Nichtwissens.

Wer so in seinem Nichtwissen gefangen ist, für den ändert sich, wenn der Augenblick des Todes kommt und er in den *Bardo*-Zustand, den Zwischenzustand zwischen Tod und Wiedergeburt eintritt, auch nicht viel. Als Sklave seiner karmischen Triebkräfte reagiert er dann auf alle möglichen Erscheinungen und Phänomene, die er durch seine Tendenz des Annehmens und Verwerfens jetzt im *Bardo* projiziert. Auf diese Projektionen reagiert er dann in Form von Begehren, Verdrängen und Furcht. Und so hat sich letztlich gar nichts geändert – nur dass das ganze Schauspiel sich jetzt ohne physischen Leib abspielt. Irgendwann wird aber eine neue, raum-zeitliche, körperliche Wiedergeburt stattfinden, so dass dieses ganze Schauspiel sich dann in der Illusion einer äußeren Erscheinungswelt wiederholt.

Es gibt nur eine einzige Lösung für dieses *Koan*, für dieses große kosmische Rätsel, und die ist: »Aufwachen!« Denn dieses *Koan* kannst du nicht durch intellektuelle Reflexion lösen, sondern nur, indem du dich als jene Wirklichkeit erkennst, die du selbst überdeckt hast durch deine eigenen Projektionen. Es ist so wie bei dem *Koan* von der Gans in der Flasche:

Eines Tages kommt der hochgelehrte Philosoph Riko zu Zen-Meister Nansen und sagt: »Meister, ich habe ein *Koan*, das mich schon lange beschäftigt. Stellt euch vor, hier stünde eine große Flasche mit einer Öffnung, gerade so groß, dass man ein Gänseei hineinlegen könnte. Nach einiger Zeit bricht das Ei auf, und es kommt ein Gänseküken heraus. Es wird immer größer und größer, und auf einmal befindet sich eine völlig ausgewachsene Gans in der Flasche. Nun frage ich euch, – wie bekommt Ihr jetzt diese Gans aus der Flasche heraus, ohne dass die Flasche kaputtgeht und ohne dass die Gans Schaden erleidet?« – Meister Nansen schaut auf den Boden und ist für eine Weile still... Plötzlich ruft er mit lauter Stimme: »Riko!« – so dass dieser erschrocken zusammenzuckt – »Ja, Meister?« – »Schau, die Gans ist draußen!«

Der Philosoph hatte sich bei diesem ganzen gehirnakrobatischen Rankengewirr des unterscheidenden, begrifflichen Denkens, in das er sich verfangen hatte, selbst zur Gans gemacht und sich so in seine selbstgeschaffene Flasche hineinprojiziert. In der Praxis des Zen geht es darum zu erkennen, dass die Flasche – das heißt eure selbstgeschaffenen, dualistischen Begrenzungen – nur eine Projektion des unterscheidenden, begrifflichen Denkens ist. Zen gibt uns den Rat: »Hört auf zu projizieren und seht die Dinge so, wie sie sind.« Letztlich geht es darum, wirklich zu sehen, wach zu werden und schließlich ganz aufzuwachen. Solange du träumst, befindet sich die Gans in der Flasche. Wenn du aber aufwachst, gibt es weder Gans noch Flasche. Solange du noch träumst, gibt es keine Möglichkeit, die Gans aus der Flasche zu befreien. Um wach zu werden, ist jedoch die Klarheit des offenen Gewahrseins notwendig, das Gewahrsein eurer ursprünglichen Buddha-Natur.

Die Buddha-Natur von uns allen ist aber nur eine Einzige; es gibt keine Ansammlung von vielen Buddha-Naturen. Es ist so, als ob jeder von uns durch einen Strohhalm hindurch zum Himmel hochschaut. Dann sieht jeder nur einen äußerst kleinen Punkt, einen kleinen Teil des Himmels, getrennt von allen anderen Punkten der getrennten Strohhalmperspektiven. Wenn wir den Strohhalm aber fallen lassen, sehen wir – es gibt nur die eine grenzenlose Weite des Himmels. Es gibt nur eine einzige allumfassende Wirklichkeit, weit, offen und vollkommen leer. Jede Form, jede Erscheinung ist nichts anderes als diese eine Wirklichkeit. Und so heißt es im *Prajnaparamita-Hridaya-Sutra*, dem Herzenssutra von der Vollkommenheit der Erkenntnis, das in den Zen-Klöstern täglich rezitiert wird:

> Form ist nicht verschieden von Leere, und Leere ist nicht verschieden von Form. Form ist Leere, und Leere ist Form.
> Das gilt ebenso für Körperlichkeit, Empfindungen, Wahrnehmungen, Geistesregungen und Bewusstsein.

Alles, was sich unserer Wahrnehmung bietet, was es auch sei, ist leer, und somit auch die fünf Elemente: Erde, Wasser, Feuer, Luft und Raum-Äther. Wenn du jetzt hier sitzt, auf deinem Sitzkissen, und den festen Boden unter dir fühlst, dann ist das noch lange kein Beweis für das Vorhandensein von Materie. Denn diese Wahrnehmung von Widerstand ist nur ein Bewusstseinseindruck. Dieser Bewusstseinseindruck ist aber rein mental, das heißt, es ist nur ein »geistiger Impuls«, und somit ein rein geistiges Phänomen und keine materielle Gegebenheit.

Viele moderne Wissenschaftler, unter ihnen auch viele Physiker von Weltruf, haben erkannt, dass es so etwas wie feste Materie nicht gibt. Sie verkünden, dass die festen Körper der Materie trotz ihrer scheinbaren Festigkeit und Realität nur Begleiterscheinungen einer allem zugrunde liegenden Wirklichkeit sind. Die Welt wird vom Geist geschaffen und von ihm geordnet. Die Materie ist nicht das dem Geist Entgegengesetzte, sondern sie wird von ihm gebildet, er ist ihr Stoff, ihr alleiniger Stoff. Die Ganzheit der materiellen Welt ist somit nichts weiter als ein Scheingebilde. Dieses Scheingebilde verdankt sein Entstehen einem Wechselspiel von außerordentlich schnellen und vielfältigen Überlagerungen immaterieller Wellen und ihren unzähligen gegenseitigen Überschneidungen. In der buddhistischen Philosophie wird für die Geiststofflichkeit alles Seienden oft das Beispiel des Träumens benutzt. Du könntest jetzt in diesem Moment aus einem Traum aufwachen und erkennen, dass dein ganzes Welterleben nur geträumt war. Alles, was du im Wachbewusstsein erlebst, alles, was es auch sei, ohne

Ausnahme, kannst du genauso auch im Traum erleben. Alles ist unwirklich, wie projizierte Bilder auf einer Kinoleinwand, und die Wirklichkeit liegt dahinter. Und die gilt es zu erfahren. Kommen wir jetzt wieder zurück auf den Ausspruch des chinesischen Zen-Meisters Huang-po:

> Wenn die Gedanken sich erheben, erheben
> sich alle Dinge, und wenn die Gedanken
> schwinden, schwinden alle Dinge.

Wenn die Gedanken sich erheben, erheben sich alle Dinge, und somit alle Probleme, weil die Gedanken eine Überschattung des allem zugrunde liegenden Selbst-Geistes sind. Dieses unser wahres Wesen ist nichts anderes als ein erleuchtendes, klares Selbstgewahrsein des Geistes. Da dem so ist, kann der Weg zur Erfahrung dieses erleuchteten Selbst-Geistes nur der sein, dass wir uns einüben in ein ständiges, ununterbrochenes Selbstgewahrsein des Geistes, überall und zu jeder Zeit, bei allem, was wir tun. Dies kommt auch in einem alten buddhistischen Text des tibetischen *Mahamudra*-Meisters Dhagpo zum Ausdruck:

> Gewöhne dich daran, den Geist ständig zu
> betrachten, überall und zu jeder Zeit. Wenn
> du darin geübt bist, deinen Geist im absichtslosen Gewahrsein zu betrachten, so
> dass Objekte und Geist nicht voneinander
> getrennt sind, erfährst du das nicht-dualistische ursprüngliche Bewusstsein.

Den Geist betrachten bedeutet aber nicht, den Geist kontrollieren, denn das wäre Zwang und entgegen jeder buddhistischen Praxis. Wenn du denkst: »Ich muss das geistige Gewahrsein festhalten, ich darf auf keinen Fall davon abweichen«, so verursacht dies nur vermehrte geistige Aktivität. Die unausweichliche Folgeerscheinung ist ein psychisch-physischer Spannungszustand, denn Spannung ist gehemmtes Wollen, und gehemmtes Wollen verursacht immer Spannung. Den Geist betrachten bedeutet vielmehr, dass wir in gelöster, entspannter Geisteshaltung bei uns selbst verweilen und den eigenen Geist in ruhiger, heiterer Gelassenheit betrachten. Betrachten wir so alle aufsteigenden Gedanken ohne irgendwie einzugreifen, lösen sie sich von selbst auf, da sie von Natur aus leer und somit nichts in sich selbst sind. Dieser ungekünstelte geistige Zustand, der nicht blockiert oder fabriziert, ist das ursprüngliche Herz-Bewusstsein aller Buddhas der Vergangenheit, Gegenwart und Zukunft. Durch unbeteiligtes Beobachten können wir sehen, wie der Geist projiziert und Wellen auf der Oberfläche des Geistes entstehen. Wenn man jedoch nicht im Gewahrsein des Geistes verweilt, dann sind es zuerst nur ganz kleine Wellen, die aber immer größer und größer werden, und schließlich wird man von ihnen ganz fortgerissen.

Diesen ganzen Prozess der Verselbständigung von Gedankenenergien können wir zum Beispiel oft beobachten, wenn mehrere Personen an einem Tisch sitzen. Ihr Bewusstsein steht unter dem inneren Zwang, ständig aktiv zu sein. Immer muss irgend etwas geschehen. Sie schauen unruhig in der Gegend herum, und es wird irgendwas gesagt, bloß um etwas zu sagen, denn viele Menschen denken, »man kann ja nicht einfach nur so dasitzen und nichts sagen, so als ob man nichts zu sagen hätte«. Und so verlieren sie sich immer mehr im Nebensächlichen.

Wenn ihr jedoch bewusst seid und im Selbstgewahrsein des Geistes verweilt, dann könnt ihr einen ganzen Abend lang still zusammensitzen. Ihr werdet euch von innen her begegnen und euch »von Herz zu Herz« verständigen – jenseits aller Worte. Ihr werdet erfahren, dass euer Beisammensein auf einmal eine ganz andere neue und tiefere Dimension bekommt. Wenn ihr dann miteinander redet, hat das gleich einen anderen Hintergrund, und ihr gleitet nicht mehr ab ins Nebensächliche.

Das hellklare, ungezwungen offene Selbstgewahrsein des aus sich selbst leuchtenden Einen Geistes ist unsere wahre Natur. Und die gilt es ununterbrochen zu erfahren, das heißt nicht nur auf dem Meditationskissen, sondern mitten in der Welt, in jeder Situation, überall. Auch wenn wir uns abends ins Bett legen, machen wir uns vor dem Einschlafen bewusst, dass alles, was wir im Traum erleben, nur Bilder sind – alles ist leer, alles ist nur Projektion. Auf diese Weise kann man im Laufe der Zeit eine durchgehende Bewusstheit verwirklichen, die im Wachzustand ebenso gewahrt bleibt wie im Traum. Dann kann man sogar die Phänomene des Traums für die spirituelle Praxis nutzen, indem man sie auf dem Weg der tantrischen Transformation schöpferisch und auf positive Weise umwandelt. In dieser tantrischen Praxis des *Traum-Yoga* gelangt man zu einer vermehrten Bewusstheit und zur tieferen Einsicht der Leerheit und somit trügerischen Natur aller Erscheinungen. Wer dann dahin gelangt, dass er das allem zugrunde liegende Gewahrsein ständig aufrecht erhält, überall und zu jeder Zeit, der befindet sich wirklich auf dem Weg zur Befreiung. Der ist auch am Ende seines raum-zeitlichen Lebens in dieser Welt im Gewahrsein des Geistes, und der Augenblick des Sterbens wird für ihn eine große Gelegenheit zur Erleuchtung sein. Er wird die trügerische Natur aller Erscheinungen durchschauen und sich über die dunklen Nebel der Erscheinungen in das klare Licht der Wirklichkeit erheben.

Mit den Worten von Zen-Meister Huang-po:

> Könnte der gewöhnliche Mensch, wenn er im Sterben liegt, nur erkennen, dass die fünf den Persönlichkeitswahn bildenden einzelnen Bestandteile kein »Ich« bilden, und ganz erfassen, dass die fünf physischen Elemente vollkommen leer und ohne jede Wirklichkeit sind und dass der wahre Geist ohne Form ist und weder kommt noch geht, dass sein Wesen weder mit der Geburt beginnt noch mit dem Tod vergeht, sondern ganzheitlich und unbeweglich in seinen Tiefen ist, und dass der Geist eins ist mit allen Erscheinungen, dann würde er blitzartig Erleuchtung erlangen.

## 11

## *Die Unausweichlichkeit des Todes*

Die Wahrheit des Zen ist die Wahrheit über allen Gegensätzen, jenseits von Ja und Nein, von Erscheinung und Wirklichkeit. Dies wird in einem der bedeutendsten buddhistischen Texte, dem *Lankavatara-Sutra,* sehr gut zum Ausdruck gebracht. Dort heißt es:

> Die falsche Vorstellung lehrt, dass Dinge wie Licht und Schatten, lang und kurz, schwarz und weiß verschieden seien und auseinandergehalten werden müssen. Aber in Wahrheit sind sie nicht unabhängig voneinander, sondern nur verschiedene Aspekte ein und desselben. Sie sind Ausdrücke von Beziehungen, nicht aber Ausdruck der Wirklichkeit. Daseinsbedingungen sind nicht von der Art, dass sie sich gegenseitig ausschließen. Im Kern sind die Dinge nicht zwei, sondern eins.

Alle Probleme, die wir haben im täglichen Leben, alle inneren Spannungen, alle verselbständigten Projektionsmechanismen sind nichts anderes als die Folgeerscheinung des unterscheidenden, begrifflichen Denkens. Alle unsere Probleme sind Folgeerscheinung der verselbständigten, zwanghaften Tendenz des Bewusstseins, alles zu unterscheiden und einander gegenüber zu stellen – gut und böse, richtig und falsch usw. Dies zeigt sich auch häufig in zwischenmenschlichen Beziehungen: Der eine sieht die Sache so, der andere sieht die Sache ganz anders. Jeder vertritt seine Meinung, indem er unnachgiebig auf seinem Standpunkt beharrt. Daraus entstehen viele Missverständnisse, aus denen sich dann alle Arten von Vorwürfen und aggressivem Verhalten erheben; denn die Welt der Gegensätze ist immer auch eine Welt der Konflikte. Aber der taoistische Meister Chuang-tse sagte schon im vierten Jahrhundert v. Chr. in China:

> Weit besser als jedem »Ja« des anderen ein »Nein« und jedem »Nein« des anderen ein »Ja« entgegenzusetzen, ist der Weg zur Erleuchtung.

Ja und Nein, Bejahung und Verneinung sind Folgeerscheinung des Nichtwissens, so wie es sich im Allgemeinen äußert. Solange man sich noch in diesem logischen Dualismus des Nichtwissens befindet und sich an seinen eigenen Vorurteilen festklammert, ist man dazu verdammt, in der Zwangsjacke seiner eigenen Projektionen zu zappeln. Zen reißt dich heraus aus diesem Nichtwissen und befreit dich von allen deinen Verwirrungen. Alle deine geistigen Verwirrungen ergeben sich meistens nur aus kurzen, vorübergehenden Situationen. Und doch bringen sie dich so aus dem Gleichgewicht, dass du dich verhältst, als wäre jetzt alles schiefgegangen und als wäre auch in der Zukunft kein Licht mehr zu sehen. Und dann fängst du an zu jammern: »Ei, jei, jei, welch ein Unglück, was mache ich nur?« In solch einer bedauernswerten Lage befand sich auch der Zen-Mönch im folgenden *Mondo*:

> Ein Mönch kam eines Tages zu Zen-Meister Hsinghua und sagte: »Meister, ich bin sehr verwirrt und weiß nicht mehr ein noch aus. Ich kenne nicht den Unterschied zwischen schwarz und weiß.« Darauf sagte der Meister: »Was hast du gesagt? Tritt etwas näher heran und sprich lauter, denn ich höre heute etwas schlecht.« Der Mönch folgte der Aufforderung des Meisters und trat näher heran und wiederholte seine Frage. Doch kaum hatte er ausgesprochen, gab ihm der Meister eine schallende Ohrfeige, so dass ihm Hören und Sehen verging. Dies brachte den Mönch zur Einsicht, und er verbeugte sich voller Dankbarkeit tief vor seinem Meister.

In unserer Rückbesinnung auf uns selbst, auf unseren ursprünglichen Zustand des Geistes, »hier und jetzt«, werden wir erkennen, dass jede geistige Verwirrung nur eine Folgeerscheinung unseres unterscheidenden, dualistischen Denkens ist. »Nichts ist wichtig angesichts der Gegenwart des Todes«, ruft uns Zen zu. Es ist ein riskantes Spiel, sich von der Verselbständigung der Gedanken und somit von seinen Gefühlen wegreißen zu lassen. Stell dir vor, dass du gerade in dem Augenblick, in dem du dich einfach so treiben lässt von deinen Geistesregungen und Emotionen, in dem du vielleicht voller Wut und geistiger Verwirrung bist, vom Tod ereilt wirst – das wäre ein großes Drama. Wer in dieser Verfassung stirbt, der befindet sich in einer trägen, samsarischen *Karma*-Masse von aggressivem

Stumpfsinn und starkem Anhaften an der Illusion eines Ichs. Durch diese Anklammerung an das Ich wird es für ihn sehr schwierig sein, die Projektionen des verblendeten Bewusstseins im *Bardo*–Zustand zwischen Tod und Wiedergeburt zu durchschauen. Nehmen wir die Sache nicht leicht. Nehmen wir die Sache wirklich ernst, ohne es uns schwer zu machen. Das heißt: Erkennen wir die Situation, wie sie ist, und schauen wir der Wahrheit ins Auge.

Die Wahrheit ist, dass jeder Tag der letzte sein kann in unserem Leben. Jede Stunde kann die letzte sein. Und wenn wir jung sind, haben wir keine Garantie, alt zu werden. Wir brauchen nur die Zeitung aufzuschlagen und die Todesanzeigen zu lesen, um festzustellen, wie unheimlich viele junge Menschen sterben. Also, wir haben keine Garantie, dass wir alt werden. Wer sich aber ganz auf die Wahrheit des Zen einlässt und sich wirklich ernsthaft bemüht auf dem geistigen Weg, hat, wenn er in diesem Leben noch nicht zur Erleuchtung gelangt ist, die Möglichkeit, im Augenblick des Sterbens zur Erleuchtung zu gelangen. Je weniger karmische Kräfte der Bindung im Augenblick des Todes vorhanden sind, um so größer ist die Möglichkeit zu einer besseren Wiedergeburt, und um so größer sind die Aussichten auf eine endgültige Befreiung.

Der Sterbeprozess ist eine große Gelegenheit zum Erwachen, die sich um ein Vielfaches steigert, wenn ein Erleuchteter, das heißt ein Erwachter, ein wirklicher Meister, der selbst durch den mystischen Tod hindurchgegangen ist, mit seiner geistigen Präsenz helfend zur Seite steht. Und wenn es auch dann nicht geschieht, weil man die trügerische Natur aller Erscheinungen nicht durchschauen kann und zu sehr anklammert, hat man die Möglichkeit, im nächsten Leben als ein zur geistigen Verwirklichung prädestinierter Mensch wiedergeboren zu werden, der den spirituellen Ruf in sich fühlt, so dass man auf dem geistigen Weg weiterschreiten kann. Und vielleicht gelangt man dann im nächsten Leben zur Erleuchtung. Also ist alles daran gelegen, dass man die Sache nicht leicht nimmt. Ich möchte deshalb an dieser Stelle an die mahnenden letzten Worte Buddhas an seine Jünger erinnern:

> Diese Welt geht vorüber, und alles, was wichtig ist, fliegt vorbei. Jeder muss aus seinem Traum erwachen. Es ist keine Zeit zu verlieren. Und deshalb:
> Bemüht euch ohne Unterlass!
> Unbeständig ist das ganze Dasein, wie Wolken im Herbst. Gleich einem Schauspiel sind Geburt und Tod auf der Bühne des Lebens. Wie ein Blitz am Himmel verfliegt das Leben, es fließt vorbei, wie ein Sturzbach den Berg hinab rauscht.

Wenn wir hier von der Ernsthaftigkeit des geistigen Weges und vom Tod reden, wollen wir jedoch eins nicht vergessen, und das ist: »Humor und Tod ergeben eine gute Mischung«, wie es im Zen heißt. Vergessen wir nicht die natürliche Freude und unseren gesunden Humor. Denn der Weg des Absterbenlassens all dessen, was mit unserem wahren Sein nichts zu tun hat, ist keine traurige, sondern vielmehr eine befreiende und somit freudige Angelegenheit. Allen, die da in ihrem pseudoreligiösen Trauerkloß-Bewusstsein herumschleichen mit langgezogenen Leichenträgergesichtern und meinen, sie wären auf dem geistigen Weg, denen kann man nur sagen: »Das muss aber ein trauriger geistiger Weg sein, den du da gehst.« Wenn es in den *Upanishaden*, den heiligen Schriften des Hinduismus, heißt: »Du bist Brahman, reines Bewusstsein, der Zuschauer aller Erfahrungen, und dein wahres Wesen ist Freude«, dann muss man sich die Frage stellen: Was ist das wohl für ein geistiger Weg, auf dem kein Platz ist für die Freude? Die göttliche Wirklichkeit ist in der Sprache der *Upanishaden: Sat-Chit-Ananda,* absolutes Sein, grenzenloses Bewusstsein und unendliche Glückseligkeit. Wie kann man da als bedauernswerter Jammerlappen herumfallen, bloß weil man das Wort Tod im Kopf hat? Ich möchte an dieser Stelle auf eins hinweisen, und das sollte man sich wirklich sehr gut einprägen, denn es ist von grundlegender Wichtigkeit:

Der Tod bedeutet in Wirklichkeit etwas ganz anderes als das, was die meisten Menschen sich im Allgemeinen darunter vorstellen. Denn der Tod als solcher existiert nicht. Jawohl, so ist es – es gibt keinen Tod in dem Sinne, wie die Menschen glauben. Der Tod ist nur ein Übergang, nur ein Szenenwechsel. Es ist nicht so, dass du stirbst und die Welt mit allem, was du liebst, zurückbleibt und du dich ins Nichts auflöst, – sondern es ist genau umgekehrt. Die Welt stirbt, mit allem, was dir vertraut ist. Die ganze Welt, alles, was dir lieb oder unlieb ist, alles, was du wahrnehmen kannst, alles löst sich auf; und jetzt kommt das Wesentliche: »du selbst«, in deinem unsterblichen wahren Sein, bleibst übrig. Das ist das Entscheidende. Alles fällt ab, und du bleibst.

Der Tod ist das sich Auflösen von allem, was dir vertraut ist. Doch nun gibt es zwei Möglichkeiten, dem Tod zu begegnen. Entweder du klammerst fest, dann wird dich der Tod gewaltsam herausreißen aus deiner Anklammerung. Aber die Tendenz des Anklammerns, die bleibt im Zwischenzustand zwischen Tod und Wiedergeburt bestehen und bestimmt alles, was dann geschieht und dem das wahrnehmende Bewusstsein sich ausgeliefert sieht. Es gibt aber auch eine Möglichkeit, sich von dem hilflosen Ausgeliefertsein an diesen Prozess zu befreien. Und die ist: »Stirb, bevor du stirbst!« Wer den mystischen Tod stirbt, solange er noch lebt, wird erst wirklich leben. Deshalb sagt Zen-Meister Po-chan:

> Stirb, noch während du lebst – und sei ganz tot, und dann tu was immer du willst, und du stehst in der unendlichen Fülle des Seins. Dann wird sich für dich die ganze Welt verwandeln in eine wunderbare Ansammlung von herrlich leuchtenden Märchenblumen.

Was will der Tod machen, wenn er der Todlosigkeit begegnet, wenn er dich ergreifen will, und du hast die Leere verwirklicht? Und wenn er dann am Ende des Lebens an unsere Tür klopft, können wir sagen: »Tut mir leid, ich bin schon gestorben.« Er greift ins Nichts! In dem Augenblick wird sich die Macht deiner Verwirklichung zeigen, und du wirst zum *Yamantaka*, zum Bezwinger des Todes. Aber um zu dieser Verwirklichung zu gelangen, ist es notwendig, dass du dich ganz auf die Praxis des Zen einlässt. Das ist der Weg zur Befreiung. Alles andere ist nur reine Zeitverschwendung.

Visualisationstechniken, *Mantra*- und *Sutren*-Rezitation, *Chakra*-Meditation und viele andere spirituelle Praktiken sind gute Übungen zur Geistesschulung. Sie haben jedoch nur einen hinführenden und somit relativen Wert, wenn es um die große Befreiung geht. Wenn ich jetzt das alles bei euch zur Bedingung machen würde und obendrein noch das Studium von vielen spirituellen Büchern, dann könntet ihr mit Recht fragen: »Was ist aber, wenn ich vorher, mitten in den Übungen sterbe und das alles noch nicht gelernt habe?« Als eine junge Schülerin das erste Mal zu mir kam, sagte sie: »Immer, wenn ich ein dickes, spirituelles Buch lese, bekomme ich Angst, weil ich dann denke, wenn ich das jetzt lese, dann könnte ich ja sterben, bevor ich mit dem Buch zu Ende bin.« Das ist ein bemerkenswerter Gedanke. Ich empfehle nur wenige geistige Schriften, und nur solche, die von wirklich erleuchteten Meistern stammen. Es ist sehr wichtig, dass man sich nicht den Kopf voll macht mit den intellektuellen Hirngespinsten moderner Erfolgsautoren der esoterischen Szene, die mit ihren anspruchslosen Massenbüchern den heutigen Buchmarkt bestimmen.

Der 1996 verstorbene Verleger des Ansata-Verlags Paul A. Zemp, mit dem mich eine jahrelange wertvolle Freundschaft verband, schrieb mir einmal in einem Brief: »Da den meisten heutigen Verlegern das fehlt, was man früher verlegerische Verantwortung nannte, wird in unserer Zeit leider nur noch das veröffentlicht, was einen Markt hat. Quantitative Maßstäbe bestimmen die Szene, qualitative sind sekundär. Anspruchsvolle, spirituelle Bücher verschwinden immer mehr vom Markt, weil die Verlage nur noch an Verkaufszahlen, aber nicht mehr an der Vermittlung geistiger Wahrheiten interessiert sind.«

An dieser Stelle fällt mir auch noch der alte Schopenhauer ein, der einmal sagte: »Wer so schreibt, dass es der breiten Masse der Leute gefällt, der findet allzeit ein großes Publikum.«

Ernsthaft geistig Suchende stehen heutzutage in großer Gefahr, solchen gefährlichen Blendern, deren esoterisches Gefasel nicht befreit, sondern eher fesselt, auf den Leim zu gehen. Doch kehren wir zurück zu unserem Ausgangspunkt.

Der chinesische Zen-Meister Po-chan sagt:

> Stirb und sei ganz tot, und dann tu was immer du willst, und du wirst in der unendlichen Fülle des ewigen Lebens stehen.

Unser Hineinsterben in den göttlichen Abgrund wird sich offenbaren als der Aufstieg über die dunklen Nebel der Erscheinungen in das klare Licht der Wirklichkeit. Wir treten ein in das Geburtlose, und somit in das Todlose. Das nennt man im Zen: »die große Befreiung!« Hier offenbaren sich *Nirvana* und *Samsara* als die eine Wirklichkeit. Jede Gegensätzlichkeit ist aufgehoben in einem aufeinander Bezogensein von einander sich ergänzenden Polaritäten. Leben und Tod verwandeln sich so in die allumfassende Ganzheit des Seins.

*Samsara* und *Nirvana*, das Leben mitten in der Welt und die große Befreiung, alles ist eins. Wo du auch gehst und stehst, überall offenbart sich das herrlich strahlende Lotusland. Und somit verwandelt sich die ganze Welt für dich in ein herrlich strahlendes *Bodhimandala*, in ein wunderbares, multidimensionales Schaubild der grenzenlosen Erleuchtung. Du bist zum Ursprung allen Seins zurückgekehrt, zur unversiegbaren Quelle allen Lebens, und du erfährst dich als die Ursache deiner selbst und aller Dinge.

Es gibt keinen Grund zur Furcht, wenn wir loslassen und uns der Quelle des ewigen Lebens überantworten, aus der alle Glückseligkeit und Fülle des Seins emporquillt. Es gibt nur dann einen Grund zur Furcht, wenn man am Vergänglichen festklammert, wenn man festklammert am *Samsara* – dem Kreislauf von Geburt, Altern, Verzweiflung, Krankheit, Schmerz und Tod. Vergessen wir niemals: Die Zeit harret nicht des Menschen. Der todbringende Dämon der Vergänglichkeit kann augenblicklich zugreifen und alle unsere menschlichen eitlen Hoffnungen mit einem Schlag zunichte machen. Ein tibetisches Sprichwort sagt: »Der morgige Tag oder das nächste Leben – du weißt nie, was zuerst kommt.«

Viele Menschen, die verstehen, dass sie einmal sterben müssen, glauben trotzdem nicht, dass der Tod in der nächsten Stunde oder gar jetzt, in der nächsten Minute kommen kann. Doch es ist eine unabwendbare Tatsache: Wenn wir ausatmen, wissen wir nicht, ob wir auch wieder einatmen werden. Der tibetische *Mahamudra*-Meister Milarepa sagt:

> Solange du stark und gesund bist, denkst du
> nie an kommende Krankheit; mit jäher
> Wucht aber trifft sie dich wie ein Blitz aus
> heiterem Himmel.
> Beschäftigt mit weltlichen Dingen, denkst
> du nicht an das Nahen des Todes;
> geschwind aber kommt er wie der Donner,
> der um dich wütet und tobt.

Wer die Wahrheit seines Sterbenmüssens verdrängt, der bleibt in seinem Nichtwissen gefangen, so dass er dem Oberflächensog dieser Welt anheimfällt. Wer so lebt, als gäbe es keinen Tod, dem bleibt das tiefe Geheimnis seines Seins verborgen. Wer nur das Überdauernde im Raum-Zeitlichen sucht und den Tod nur als bloßen Widerspruch zu seinem raum-zeitlichen Leben missversteht, der findet auch keinen Zugang zum wahren Leben, das sich hinter der Wahrheit des Todes verbirgt. Nur derjenige, der nicht seinen Kopf in den Sand steckt, sondern sich auf den Tod einlässt, kann das große Leben fühlen, auf das der Tod hinweist. Für ihn wird der Tod zu einem guten Freund und Wegbereiter auf seinem Weg zu einem höheren Leben.

Von außen gesehen ist der Tod das Ende allen Seins, doch aus der inneren Klarschau des Geistes ist er ein Anfang. In rechter Weise verstanden ist der Tod das große Loslassen, das sich Einlassen und somit das Einswerden mit der ewig selbstseienden Urwesenheit des göttlichen Seins. Wenn wir wirklich bestrebt sind, aus dem Leidensmeer des *Samsara* Befreiung zu erlangen, dann ist es unumgänglich notwendig, dass wir uns ganz auf die Wirklichkeit von Leben und Tod einlassen. Denn erst in unserer vollkommenen Loslösung von der unterscheidenden Betrachtungsweise von Sein oder Nichtsein gelangen wir über jede Form von Dualismus, und somit auch über den Gegensatz von Leben und Tod, hinaus.

Leben und Tod können nicht voneinander getrennt gesehen werden. Das Leben bedingt den Tod, und der Tod bedingt das Leben. Die ganze Rätselhaftigkeit und Geheimnisfülle des Lebens gründet in dieser seiner Verschwisterung mit dem Tod. Das eine ist im anderen enthalten, und so durchdringen sich beide gegenseitig. Alles Neuwerden setzt ein Entwerden, alles Aufgehen ein Untergehen voraus. Demzufolge sind Leben und Tod nichts anderes als zwei verschiedene Erscheinungsweisen ein und desselben Vorgangs, so wie Ein- und Ausatmung, so dass jeder Anfang als Ende und jedes Ende als Anfang gelten kann. Der in der Erleuchtungserfahrung durch die Pforte des Todes und der Auferstehung zum neuen Leben hindurchgegangene Befreite hat die untrennbare Einheit beider erfahren, so dass der Tod für ihn seinen Schrecken verloren hat.

Diese Unerschütterlichkeit im Angesicht des Todes zeigt uns der chinesische Zen-Meister Hui-neng (7. Jh.), bekannt als der sechste Patriarch des Zen:

> Als Hui-neng alt geworden war, sagte er zu seinen Mönchen: »Versammelt euch um mich. Ich habe beschlossen, diese Welt zu verlassen.« Als die Mönche dies hörten, weinten sie alle. »Um wen weint ihr?« fragte der Meister. »Seid ihr in Sorge um mich, weil

ihr meint, ich wüsste nicht, wohin ich gehe? Wenn ich es nicht wüsste, könnte ich euch nicht in dieser Weise verlassen. Worüber ihr eigentlich weint, ist, dass ihr nicht wisst, wohin ich gehe. Wenn ihr es wüsstet, könntet ihr gar nicht weinen, weil ihr euch dann bewusst wäret, dass die wahre Natur weder Geburt noch Tod kennt, weder Kommen noch Gehen.«

Der zur Wirklichkeit seines wahren Seins Erwachte befindet sich jenseits von Leben und Tod, so dass für ihn die Frage von »Sein oder Nichtsein« ihre Bedeutung verloren hat. Er steht in der großen Bejahung und Fülle des Lebens, da er durch sein Hineinsterben in den Abgrund des göttlichen Nichts, seine Neugeburt als Erwachter, aus dem Traum des Kreislaufs von Geburt und Tod, erfahren hat.

## 12

## *Der alltägliche Weg ist der wahre Weg*

»Der Weg und das Ziel sind eins«, heißt es im Zen. Wir brauchen nirgendwo hinzugehen. Das Tao liegt direkt unter unseren Fußsohlen. Mach nur deine Augen auf und sei gegenwärtig! Sei bewusst bei allem, was du tust, »jetzt-hier«! Wenn wir wirklich gegenwärtig und bewusst sind, dann versäumen wir auch nicht das, was »jetzt-hier« in diesem Augenblick stattfindet. Und was findet »jetzt-hier« statt? Es ist »der Donnerschlag bei klarem blauen Himmel«. Mit den Worten Meister Eckharts: »Die ununterbrochene Geburt Gottes findet ständig und ohne Unterlass im Grunde der Seele statt.« Das ist die wesentliche Aussage, die Meister Eckharts gesamtes geistiges Werk in genialer Eintönigkeit durchdringt. So sagt er auch in seiner Weihnachtspredigt:

> Was nützt es mir, wenn die gesamte Christenheit am heutigen Tag die Geburt Gottes feiert, dass Gott, unser Herr vor eintausenddreihundert Jahren in Bethlehem im Stall geboren wurde. Was nützt mir das, wenn diese Geburt nicht »jetzt-hier« in mir selbst stattfindet?

Doch erst wenn wir mit unserem ganzen Sein, mit Körper, Atem und Geist, »jetzt-hier« sind, dann werden wir auch an dem teilhaben, was sich »jetzt-hier« ereignet. Wenn du wirklich gegenwärtig bist, dann nimmst du das wahr, was »jetzt-hier«, in diesem Moment geschieht.

Wenn du jedoch im Morgen bist und schaust in die Zukunft – voller Hoffnung oder Furcht, dann bist du nicht hier, mit anderen Worten: Du bist überhaupt nicht anwesend. Dann kannst du nicht das erkennen, was jetzt »ist«. Wenn du in der Vergangenheit bist, in der Erinnerung – sei sie negativ oder positiv –, dann kannst du das nicht wahrnehmen, was sich »jetzt-hier« in diesem Augenblick offenbart. Denn in jedem Augenblick – ständig, ohne Unterbrechung – offenbart sich die göttliche Wirklichkeit unseres ursprünglichen wahren Seins vor unserer Geburt.

Der chinesische Zen-Meister Nansen (8. Jh.) wurde einmal von einem Schüler gefragt: »Was ist der wahre Weg?« Und er antwortete: »Der alltägliche Weg ist der wahre Weg.« Die Wahrheit des Zen ist nichts Besonderes. Du brauchst dich nicht auf irgend etwas Außergewöhnliches einzustellen. Verliere dich vor allem nicht in irgendwelchen komplizierten oder aufwendigen spirituellen Techniken und philosophischen Studien. Deshalb antwortet Zen-Meister Nansen auf die weitere Frage seines Schülers: »Wie kann man diesen wahren Weg erlernen?« – »Je mehr du den wahren Weg erlernst, desto mehr kommst du vom wahren Weg ab.«

Zen sagt: Versenke dich in das, was du bist, das heißt, es geht im Zen um ein ständiges sich Versenken in die Wirklichkeit deines ungeborenen, todlosen Seins, überall zu jeder Zeit und wo du auch bist. Aber das kannst du nicht machen, das kannst du nicht erzwingen, indem du die Welt ausschaltest und sagst: »So, nun ziehe ich mich zurück und sitze nur noch in meinem Zimmer in stiller Meditation.«

Mitten in der Welt leben und doch frei sein von der Welt, das ist der »große Zen-Weg« zur Erleuchtung. Das ist das wahre, ursprüngliche Zen der alten chinesischen Meister. Das ist das lebendige Zen, das mitten in der Welt bei allen täglichen Verrichtungen gelebt wird. Deshalb sagt der chinesische Zen-Meister Fo-yan (12. Jh.):

> Wenn du Farben siehst und Laute hörst, ist dies eine gute Zeit zur Verwirklichung.
> Wenn du isst und trinkst, ist auch dies eine gute Zeit zur Verwirklichung.
> All dies sind wunderbare Gelegenheiten zur Verwirklichung bei allen Verrichtungen des alltäglichen Lebens.

Und der chinesische Zen-Meister Yüan-wu sagt im 12. Jahrhundert:

> Es ist nicht notwendig, das Handeln abzulehnen und nur noch die Stille zu suchen. Mach dich einfach innerlich leer und bring dich in Übereinstimmung mit dem Äußeren. Dann wirst du auch im hektischen Treiben der Welt in Frieden sein.

»Der alltägliche Weg ist der wahre Weg.« Das Alltägliche, das ganz Banale, was es auch sei, wenn wir uns da, jenseits aller unterscheidenden Wertung, hinein versenken, indem wir uns ganz darauf einlassen, und damit eins werden, dann wird alles zu einer Erfahrung unseres wahren Seins. Denn mitten in der Welt, mitten im Leben, wo es auch sei, offenbart sich die Wirklichkeit des Einen Geistes.

Viele Menschen, die sich bemühen, den Zen-Weg zu praktizieren, leiden oft unter starker psychisch-physischer Verspannung. Sie bemühen sich, total entspannt und ganz natürlich zu sein. Doch weil sie das natürliche »heiter-gelassene Widerspiegeln des Geistes« mit ihrer Willensanstrengung machen wollen, kommt natürlicherweise das Gegenteil dabei heraus. Ein tibetisches *Mahamudra*-Wort lautet: »Spannung ist gehemmtes Wollen.« Sie wollen ganz natürlich sein und verlieren dabei ihre Spontaneität, und so geschieht genau das Gegenteil von dem, was sie erstreben. Im Zen, zumindest in seiner reinen, unverfälschten ursprünglichen Form, geht es niemals um ein »Machen«, sondern immer nur um ein Nicht-Machen, *Wu-wei*, um ein sich Einlassen auf das, was ist.

Im Allgemeinen haben geistig Suchende die Vorstellung, Spiritualität »machen«, das heißt aktivieren zu müssen. Sie hören, dass der alltägliche Weg der wahre Weg ist, und schon erhebt sich in ihnen die Frage: »Wie kann man diesen Weg erlernen?« Und dann denken sie an verschiedene spirituelle Praktiken und das Studieren philosophischer Schriften. Doch Zen ist jenseits aller Worte. Es hat den Menschen keine Lehrsätze und auch sonst nichts zu geben, weshalb Zen-Meister Nansen sagt: »Je mehr du den wahren Weg erlernst, desto mehr kommst du von ihm ab.« Für die meisten Menschen ist dies eine vollkommen unverständliche Aussage, denn im alltäglichen Leben gilt: Je mehr einer lernt, um so mehr weiß er. Doch wenn man sich den Kopf auch noch so voll macht mit allen möglichen Philosophien und Zen-Schriften – die Wahrheit des Zen lässt sich so nicht erfassen. Dies bezeugen auch die Worte von Huang-po:

> »Den Weg erforschen« ist nur eine Redensart. Es ist ein Mittel, um auf frühen Entwicklungsstufen das Interesse der Menschen zu wecken. Tatsächlich ist der Weg nichts, was erlernt werden kann. Lernen führt zum Festhalten an Begriffen, und dies ist ein völliges Missverständnis des Weges.

Je mehr philosophisches Wissen einer aufhäuft und sich daran festklammert, desto weiter entfernt er sich von der Wahrheit des Zen, und zum Schluss ist er nur noch ein lächerlicher Gehirnakrobat mit einer gewaltigen Ansammlung von intellektuellem Sperrmüll, ohne jeden praktischen Wert. Dann gleicht er dem großen buddhistischen Gelehrten Te-shan (9. Jh.):

Bevor Te-shan auf seinen Zen-Meister Lung-tan traf, erwarb er sich öffentliche Anerkennung durch seine hohe Gelehrsamkeit. Er wurde zu einer Autorität in der Auslegung des *Diamant-Sutras*. Als er hörte, dass im Süden Chinas die Zen-Buddhisten einen großen Einfluss gewannen und die »Übertragung ohne Schriften« lehrten, war er als Geisteswissenschaftler von großem Zorn erfüllt. »Ich werde diese Zen-Teufel aus ihren Höhlen treiben und ausrotten!« rief er zornig aus. Und so machte er sich, bewaffnet mit allen seinen Aufzeichnungen über das *Diamant-Sutra*, auf den Weg. Im Süden Chinas angelangt, ging er in das Kloster des berühmten Zen-Meisters Lung-tan. Doch tief getroffen von der geistigen Größe und Ausstrahlungskraft dieses Meisters, gab er sein Vorhaben auf und wurde dessen Schüler.

Einmal verbrachte er zusammen mit seinem Meister in dessen Zimmer den Abend. Als es dunkel wurde, sagte der Meister zu Te-shan: »Es ist spät geworden, du solltest besser nach Hause gehen.« Te-shan verabschiedete sich und ging hinaus. Er kam aber schnell wieder zurück mit den Worten: »Es ist draußen so dunkel, ich kann nichts sehen.« Da zündete der Meister eine Öllampe an und reichte sie ihm. Als Te-shan seine Hand nach der Lampe ausstreckte, blies der Meister plötzlich das Licht aus. Im selben Augenblick strahlte der Geist von Te-shan auf, und er erlangte die große Erleuchtung.

Am nächsten Morgen nahm er alle seine gesammelten philosophischen Aufzeichnungen über das *Diamant-Sutra* und verbrannte sie vor dem Kloster und rief: »Alles Wissen und Lernen ist, verglichen mit der Tiefe der höchsten Erfahrung, wie ein Tropfen, der in den unendlichen Abgrund fällt.«

Je mehr philosophisches, spekulatives Wissen man aufhäuft und glaubt, auf diese Weise zur Erkenntnis jenseits aller Worte gelangen zu können, desto mehr entfernt man sich von der Wahrheit des Zen. Die höchste Wahrheit liegt jenseits allen begrifflichen Denkens, jenseits all dessen, was Sinne und Verstand zu fassen vermögen. Deshalb verwenden die alten chinesischen Zen-Meister den Ausdruck *Wu-nien*, das heißt Nicht-Denken. Es steht im engsten Zusammenhang mit der Geisteshaltung des *Wu-wei*, dem Nicht-Tun. Beide sind so miteinander verschwistert, dass das eine ohne das andere nicht denkbar ist.

Man darf aber auf keinen Fall den Fehler machen, dieses Nicht-Tun des *Wu-wei* mit einem passiven, absoluten Nichtstun zu verwechseln. Unter *Wu-wei* haben wir vielmehr eine im höchsten Grade wirksame Geistesverfassung zu verstehen, aus der jede Aktion zu jeder Zeit möglich ist. Es bedeutet demzufolge eine Haltung spontanen, absichtslosen Handelns, das der jeweiligen Situation angepasst ist. Also, handeln ohne zu handeln, Nicht-Tun und es geschehen lassen.

Deshalb sagt Zen-Meister Nansen: »Suche es nicht, nenne es nicht, lerne es nicht. Sei weit und offen wie der Himmel, und du bist auf dem Weg.« Denn wenn du das suchst, was als dein wahres Sein stets gegenwärtig ist, was »in« dir ist und worin du ständig ruhst – wenn du das »suchst«, entfernst du dich nur immer mehr davon. Weshalb der tantrische Meister Saraha sagt:

> Alles was hier ist, ist auch anderswo,
> und was hier nicht ist, ist nirgendwo.

Mit anderen Worten: Wenn du es hier nicht findest, genau »jetzt-hier«, wo du dich befindest, dann wirst du es auch nirgendwo anders finden. Wenn du die überraumzeitliche, allumfassende Wirklichkeit des göttlichen Seins benennst, sie begrifflich einzuordnen versuchst, hast du nur eine Vorstellung. Diese Vorstellung ist eine objektive Gegebenheit, die du betrachtest – und dann hast du einen objektivierten »gedachten« Gott. Aber ein gedachter Gott ist nur ein Gott, solange du an ihn denkst, und wenn der Gedanke vergeht, vergeht auch der Gott. Demzufolge ist er nichts weiter als ein Gedanke ohne jede Wirklichkeit.

»Sei weit und offen wie der Himmel«, nicht konditioniert, nicht angespannt und ohne Ziel. Im Zen sagt man: *Mushotoku,* das heißt ohne Ziel und Streben nach Gewinn. Denn wenn du voll Begehren ein Ziel verfolgst und den Gewinn dabei im Auge hast, das *Satori* – die Erleuchtung, dann machst du die Erleuchtung zum Objekt. Und je mehr du diesem Ziel hinterherrennst, desto weiter entfernst du dich davon. Du wirst es niemals ergreifen können. Es ist so, als ob du deinem eigenen Schatten hinterherjagst.

»Sei weit und offen wie der grenzenlose Himmel«, sagt Zen. Das heißt: Sei vollkommen leer, nicht konditioniert, sei vollkommen offen für das, was ist.

Vollkommen klar sein, wach sein. Alles ist da. Keinem von euch fehlt auch nur das Allergeringste. Jeder von euch ist ein vollendeter Buddha – wenn auch noch ein schlafender. In der Praxis des Zen geht es deshalb darum, dass ihr aus eurem Traum von einer scheinbaren Persönlichkeit – gefangen in der Illusion einer raum-zeitlichen äußeren Erscheinungswelt – aufwacht und erkennt, wer und was ihr seid. Also »aufwachen!« Alle Traumbilder loslassen und hellklar dessen gewahr sein, was die allem zugrunde liegende Wirklichkeit des Seins ist. Seht die Dinge, wie sie sind, und lasst euch durch nichts täuschen. Seid keine Gefangenen eurer Traumbilder, die ihr für Wirklichkeit haltet, sondern seid vollkommen klar, mitten in der Welt. In dem Augenblick, wenn ihr euch mitten im *Samsara*, im alltäglichen Leben, der allumfassenden Ganzheit des göttlichen Seins bewusst werdet und erkennt, dass es keine Vielheit gibt, dass alles nur ein Traumgebilde ist, in dem Augenblick werdet ihr die Wirklichkeit eures wahren Seins erleben. Dann seht ihr, dass der *Samsara* kein Leidensmeer ist, sondern nur eine Überdeckung der Wirklichkeit.

Es ist so wie bei dem alten, indischen Beispiel von der Schlange und dem Seil. Du siehst abends in der Dämmerung auf dem Weg eine Schlange liegen und machst ängstlich einen großen Bogen um sie. Am Morgen kommst du zurück und siehst – oh, da liegt ja nur ein Seil, da war ja gar keine Schlange. Aber deine Angst hat, als Folgeerscheinung deiner auf dem Nichtwissen beruhenden Konditionierungen, auf dieses Seil eine gefährliche Schlange projiziert. Das kann sogar so weit gehen, dass du erlebst, wie die Schlange sich bewegt, wie sie zischt und wie sie dich verfolgt. Das könnt ihr alles an euch selbst in vielen Situationen des täglichen Lebens erleben. Je größer die durch das Nichtwissen bedingte Angst ist, desto größer sind die Projektionsmechanismen eines unterscheidenden, dualistischen Bewusstseins.

Doch in dem Augenblick, wenn ihr klar schaut, wenn ihr bewusst und achtsam seid und die Dinge so seht, wie sie sind, in dem Augenblick offenbart sich die Wirklichkeit – so wie sie ist. Dann offenbart sich dir das ganz alltägliche Leben in der Welt als das *Sukhavati*-Paradies des Buddha *Amitabha*, des Buddhas des grenzenlosen Lichtes. Dann seid ihr mittendrin in dem herrlichen Paradies – mit den Worten des chinesischen Zen-Meisters Po-chan (17. Jh.): »Dann verwandelt sich für dich die ganze Welt in ein strahlendes Paradies mit einer wunderbaren Ansammlung von herrlich leuchtenden Märchenblumen.« Dieses Paradies dürfen wir jedoch nicht als eine raum-zeitliche Seinsweise verstehen, sondern als eine Bewusstseinsdimension. Wo soll das Paradies auch schon sein? Raum ist Illusion – Zeit ist Illusion.

Das Paradies kann nirgendwo anders sein als genau da, wo du »jetzt-hier« bist. Nur weil du die Wirklichkeit eben da, wo du dich gerade befindest, verfehlst und dich nicht darauf einlässt, obwohl sie sich direkt vor dir befindet, bist du nicht in der Lage, sie zu erfahren. Deshalb entstanden all die verschiedenen, religiösen Denksysteme mit ihren klugen Darlegungen. Diese sind aber nur wie schöne tröstende Mittel, mit denen man kleine Kinder vom Quengeln abhält.

Alles ist da – nichts fehlt. Es geht nur um eine Umstellung des Bewusstseins. Nur so übersteigst du dieses gewohnte, alltägliche »Affenbewusstsein«, das von einer Willensregung zur anderen springt – wie ein Affe von Ast zu Ast – weil es unruhig ist, wenn es nichts zum Festhalten hat. Im Buddhismus symbolisiert der Affe das unruhige Bewusstsein. Aus diesem Grund sieht man in der buddhistischen Ikonographie des

*Pratitya-Samutpada,* dem großen Rad des abhängigen Entstehens von Geburt, Altern, Verzweiflung, Krankheit, Schmerz und Tod, wie ein Affe an einen Baum gefesselt ist, so dass er sich nicht mehr bewegen kann.

Sobald das Bewusstsein zur Ruhe kommt, wird der Geist still. Wenn die Tendenz des Ergreifens und Verdrängens nicht mehr als der bewegende Wind über die Oberfläche des Bewusstseins-Sees hinwegweht und die abertausend Wellen verursacht, wird die Oberfläche ruhig und still. Dann kannst du in der vollendeten Klarschau des unbewegten Geistes hinunterschauen auf den Grund des Sees, und du erkennst dein wahres Angesicht vor deiner Geburt. Diesen geheimnisvollen heiligen Schatz, den es zu heben gilt, den kannst du aber nur erkennen, wenn du nicht mehr herumwühlst im See des Bewusstseins, so dass sich keine Wellen mehr erheben, die den grundlegenden Geist überdecken. Lass los, indem du in den Augenblick des »jetzt« hinein entspannst. »Vom Ziel weggehen, um ans Ziel zu gelangen«, sagen die alten Taoisten. In dem Augenblick, wenn du wirklich loslässt, strahlt die Wirklichkeit deines ursprünglichen wahren Seins vor deiner Geburt in seiner ganzen Herrlichkeit auf.

Letztlich geht es nur darum, dass wir uns als das erfahren, was wir im Grunde unseres Wesens sind. Wir Menschen haben im Allgemeinen eine Unmenge von Vorstellungen von der Wirklichkeit unseres wahren Seins, aber Zen ruft uns zu: »Alles begriffliche Denken ist eine irrtümliche Meinung.« Und so sind alle diese Vorstellungen nichts weiter als leere Traumgebilde. Also – sei still und bleibe in absichtsloser Gelassenheit.

Sei wie der reine, klare Spiegel, der die Dinge, so wie sie sind, widerspiegelt, ohne dass sie einen bleibenden Eindruck auf ihm hinterlassen. Erkenne, dass alles nur auf der Oberfläche des Geistes geschieht und mit deinem wahren Sein nicht das Allergeringste zu tun hat.

Sei weit und offen wie der grenzenlose Himmel. Dann ereignet sich der Donnerschlag bei klarem blauen Himmel, und die grenzenlose Herrlichkeit deines wahren Seins offenbart sich dir als deine wahre Natur. Dein wahres Auge des erleuchteten Geistes ist geöffnet, und gleich einem von den Toten Auferstandenen wirst du in Lachen ausbrechen und in die Hände klatschen vor Freude. In diesem Augenblick wirst du erkennen, dass dein eigener Geist und die grenzenlose Weite des Einen Geistes ein einziges Sein ist, neben dem nichts anderes existiert.

## *Kontaktadresse*

## ZEN-ZENTRUM
## TAO 道禪 CHAN

Tao Chan Zentrum e.V.
Gemeinnütziger Verein
Yorckstraße 6
D-65195 Wiesbaden

Das Zen-Zentrum Tao Chan steht unter persönlicher Leitung von Zen-Meister Zensho W. Kopp.
In den vielen Jahren seines Wirkens als Zen-Meister hat sich eine große Gemeinschaft von Schülern um ihn gesammelt, die er regelmäßig unterweist.

### *Zen-Sesshin*
Einmal im Monat leitet Zen-Meister Zensho ein zweitägiges Zen-Wochenende, an dem auch interessierte Gäste teilnehmen können.

### *Information und Anmeldung*
Tel.+49(0)611-940623-1 Fax-2
E-Mail info@tao-chan.de
www.tao-chan.de

*Ted Andrews*

**Die Aura
sehen und lesen**
*Feinstoffliche Energien
wahrnehmen und deuten*

ISBN 3-89767-400-9

*Allan Kardec*

**Das Buch der Geister**
*Grundsätze der spiritistischen Lehre*

ISBN 3-89767-411-4

*Klaus Grochowiak
Susanne Haag*

**Die Arbeit mit
Glaubenssätzen**
*als Schlüssel zur seelischen
Weiterentwicklung*

ISBN 3-89767-412-2

*Claus Krämer*

**Die Heilkunst der Kelten**
*Eine faszinierende Reise
in die Welt der Druiden*

ISBN 3-89767-406-8

*Max Freedom Long*

**Kahuna-Magie**
*Das Wissen um eine weise Lebensführung*

ISBN 3-89767-409-2

*Elisabeth Brooke*

**Kräuter helfen heilen**
*Wie man Tees, Tinkturen, Wickel
und Salben selbst herstellen kann*

ISBN 3-89767-407-6

*Anton Stangl*
*Marie-Luise Stangl*

**Lebenskraft**
*Selbstverwirklichung durch Eutonie und Zen*

ISBN 3-89767-419-X

*Kyriakos C. Markides*

**Der Magus von Strovolos**
*Die faszinierende Welt
eines spirituellen Heilers*

ISBN 3-89767-417-3

*Douglas Monroe*

**Merlins Vermächtnis**
*21 Lektionen*

ISBN 3-89767-403-3

*Baird T. Spalding*

## Leben und Lehren der Meister im fernen Osten
*Band 1-3*

ISBN 3-89767-416-5

*Heidemarie H. Pielmeier*

## Tarot
*Deutungen für alle Kartendecks*

ISBN 3-89767-415-7

*Ted Andrews*

## Das Tor zu früheren Leben
*Auf Entdeckungsreise in Ihre Vergangenheit*

ISBN 3-89767-401-7